Jahrbuch z'Rieche 2019

HERAUSGEBERIN STIFTUNG Z'RIECHE
© 2019 VERLAG Z'RIECHE,
FRIEDRICH REINHARDT VERLAG, BASEL
ISBN 978-3-7245-2381-9
REDAKTION ROLF SPRIESSLER
LEKTORAT SABINE KRONENBERG
KORREKTORAT BRIGITTA KAUFMANN
GESTALTUNG FORMSACHE, SYLVIA PFEIFFER
AUFTRAGSFOTOGRAFIE URSULA SPRECHER
BILDAUFBEREITUNG PATRICK BERNET
DRUCK WERNER DRUCK & MEDIEN AG

www.zrieche.ch

Für die Unterstützung bei der Herausgabe des ‹Jahrbuch z'Rieche› 2019 danken wir herzlich:

asima Treuhand AG, Cornelius Birrer, Brüderlin Merkle Architekten AG, Elisabeth Jenny-Stiftung, GHR Gewerbehaus Riehen AG, Gerhard Kaufmann, Dieter Koffel-Rageth, Kommunität Diakonissenhaus, Eduard Lehmann, René Leuenberger, Edith Lohner, Lorenzo Mangani, Werner Mory-Karge, Paul Müller, Susanne Pachlatko, Samuel Preiswerk-Tschopp, Ariane Rihm Tamm, Cornel Ryser, Scheidegger-Thommen-Stiftung, Sylvia Schindelholz, Annelies Schmid-Fischer, Helen Schmid-Hari, Christoph Schudel, Gerhard Schüpbach, Rosmarie Schüpbach, Hans-Jakob Schweizer, St. Chrischona Apotheke, Dr. Robert Stritmatter, Heinz Ernst Strohbach, Beatrice Studer, Heidy Stump, Isabelle Stump, Verkehrsverein Riehen, Stephan Wenk, Peter Zinkernagel. Stand: 14. Oktober 2019.

Wenn Sie die Herausgabe des ‹Jahrbuch z'Rieche› ebenfalls unterstützen möchten, freuen wir uns auf Ihre Kontaktaufnahme unter stiftung@riehener-jahrbuch.ch.

INHALT

Editorial ... 5

SPORT UND BEWEGUNG

Kleine Geschichte der Riehener Sportstätten ROLF SPRIESSLER ... 8
Höchstleistungen aus der sportlichen Breite RALPH SCHINDEL ... 18
Von der Trainierbarkeit des Körpers im Alter DANIEL LOUIS MEILI ... 26
Einen Satz machen URSULA SPRECHER, SABINE KRONENBERG ... 32
Sporttrends – Chancen und Herausforderungen CHRISTIAN LUPP ... 38
Von der Glaubensgemeinschaft zum Sportverein ROLF SPRIESSLER ... 44
Sport bewegt PRIMARSCHULKINDER ... 52

Z'RIECHE

Riehen und der Basler Generalstreik von 1919 GERHARD KAUFMANN ... 60
Musikinstrumentenbauer Karl Schneider und die E-Gitarre DIETER SCHNEIDER-WENK ... 68
Das Liederbuch des jungen Ambrosius Kettenacker FRIEDHELM LOTZ ... 78
Sechs entscheidende Jahre und das Lebenspanorama eines Künstlers MICHÈLE FALLER ... 88
Riehener Baustellenlegende DANIEL THIRIET ... 94
Ein Haus mit einem besonderen Geist ROLF SPRIESSLER ... 96
Aus dem ‹Bammert› wird ein ‹Ranger› CHRISTINE KAUFMANN ... 102
Die Magie der Rhythmen DOMINIK HEITZ ... 108
Im Mekka des Schweizer Bogenschiesssports ROLF SPRIESSLER ... 112

CHRONIK

VEREINE / INSTITUTIONEN Chronik Vereine und Institutionen ROLF SPRIESSLER ... 120
KULTUR Kulturchronik MICHÈLE FALLER ... 126
SPORT Sportchronik ROLF SPRIESSLER ... 136
RELIGION Evangelisch-reformierte Kirchgemeinde Riehen-Bettingen ANDREAS KLAIBER ... 147
Römisch-katholische Pfarrei St. Franziskus Riehen-Bettingen MARIE-CHRISTINE FANKHAUSER-KREMSER ... 149
POLITIK Schwerpunkte der Gemeindepolitik ... 151
Aus den Sitzungen des Einwohnerrats ... 153
Gremien und Behörden ... 159
Wahlen und Abstimmungen ... 161
Bürgeraufnahmen ... 164
MENSCH UND ZEIT Unsere Jüngsten ... 167
Unsere Jubilare ... 168
Unsere Verstorbenen ... 170
Sally Bodoky-Koechlin (28.04.1952–20.03.2018) DORETTE GLOOR ... 174
Hans-Peter ‹Bölle› Börlin (25.02.1949–25.10.2018) ROLF SPRIESSLER ... 175
Max Brügger-Schefer (16.12.1936–15.05.2019) ROLF SPRIESSLER ... 176
Hermann Bürgenmeier-Wenk (17.01.1923–08.02.2019) ROLF SPRIESSLER ... 177
Ursina Kissling-Weber (17.02.1973–06.03.2019) ROLF SPRIESSLER ... 178

AUTORINNEN UND AUTOREN

MARIE-CHRISTINE FANKHAUSER-KREMSER	Pfarreiratspräsidentin römisch-katholische Pfarrei St. Franziskus Riehen-Bettingen
MICHÈLE FALLER	lic. phil., Kunsthistorikerin, Historikerin, Redaktorin ‹Riehener Zeitung›
DORETTE GLOOR	Kinderbuchautorin, ehemalige Präsidentin des Frauenvereins Riehen
DOMINIK HEITZ	lic. phil., Redaktor ‹Basler Zeitung›
CHRISTINE KAUFMANN	Dr. med. vet., Gemeinderätin
GERHARD KAUFMANN	Architekt, Alt-Gemeindepräsident
ANDREAS KLAIBER	Pfarrer Kornfeld-Andreas, evangelisch-reformierte Kirchgemeinde Riehen-Bettingen
SABINE KRONENBERG	lic. phil., Lektorin
FRIEDHELM LOTZ	Dr. rer. nat., Roche-Pensionär, ehemaliger Leiter Konzern-SHE Auditing
CHRISTIAN LUPP	lic. phil., MAS Betriebswirtschaft NPO, Abteilungsleiter Kultur, Freizeit und Sport, Gemeinde Riehen
DANIEL LOUIS MEILI	Executive MBA Marketing, Diplomtrainer Swiss-Olympic, Inhaber meili.ch
RALPH SCHINDEL	lic. phil., Texter, freier Journalist
DIETER SCHNEIDER-WENK	Dr. phil., dipl. Vermessungsingenieur ETH, Web-Editor
ROLF SPRIESSLER	Redaktor ‹Riehener Zeitung›
DANIEL THIRIET	Geschäftsführer sea chefs

Schreib- und Zeichenwettbewerb von Kindern aus Riehen und Bettingen: AUDREY CHARLIE BARAN A MESSE, LINDA MATHYS, ANNINA PAPPENBERGER, 6. Klasse; ELIA CAPPILLI, GAËL DEJALLE, INA FORSTER, MARWA HADDOUR, OLIVER NIERLICH, MIA OBRIST, DAVID ELIAS PIKAREK, JOSHUA WENGER, FRANKA WERNER, 2. Klasse; JULIETA FRAGA, JACOB KOBBERØE EL GALALEY, SO MURAKAMI, OLIVER PAISLEY, Unterricht Deutsch als Zweitsprache im Schulhaus Erlensträsschen, 1. und 2. Klasse.

Die Bildbeiträge stammen von URSULA SPRECHER, Fotografin.

Die Autorinnen und Autoren verantworten den Inhalt ihrer Beiträge. Ihre Sichtweise und ihre Schwerpunkte müssen sich weder mit den Ansichten der Redaktion noch mit denen der Herausgeberin decken.

EDITORIAL

Liebe Leserin, lieber Leser

Das Jahrbuch, das Sie in Händen halten, reiht sich nahtlos ein in eine kontinuierliche Serie von 58 Vorgängern – und ist doch ein Neubeginn. Das alte Redaktionsteam unter der Leitung von Sibylle Meyrat ist nach langjähriger, engagierter Arbeit abgetreten und nach 24 Jahren als Mitautor habe ich mit diesem Band die Redaktion des Jahrbuchs übernommen.
Einerseits stellt sich auch die jüngste Ausgabe in die Tradition einer Ära, die mit dem 40. Jahrbuch im Jahr 2000 begonnen hat – seit jenem Jahrgang steht immer ein Jahresthema im Fokus. Diese Tradition möchte ich mit der Unterstützung des Stiftungsrats weiterführen. Andererseits nehmen wir die Wünsche aus der Politik ernst und haben den Chronik-Teil um die Rubrik ‹Vereine und Institutionen› ergänzt. Mit Nachrufen auf ausgewählte verstorbene Persönlichkeiten möchten wir diesen Riehenerinnen und Riehenern ein Gesicht geben – und mit ihnen auch Riehen als Lebensgemeinschaft dokumentieren. Denn eine Gesellschaft lebt immer auch von Einzelnen, die sich in den Dienst einer Sache stellen und mit ihrem Engagement einen Beitrag zum Fortkommen aller leisten. Deshalb steht eine Summe von Einzelpersonen hier stellvertretend für die Entwicklung der Gemeinschaft.
Es ist ein grosses Verdienst von Willi Fischer, dass er als Präsident der Stiftung z'Rieche, die das Jahrbuch verantwortet und herausgibt, zusammen mit Felix Werner eine Leistungsvereinbarung mit der Gemeinde ausgehandelt und federführend dafür gesorgt hat, dass das Jahrbuch auf der Basis eines neu formulierten, von Felix Werner ausgearbeiteten Konzepts in die Zukunft schreiten kann. Dieser Schritt war für Willi Fischer ein guter Abschluss seines langjährigen Engagements für das Jahrbuch und er hat auf diese Saison – um es passend zum Jahresthema sportlich auszudrücken – das Präsidium seinem Nachfolger Felix Werner übergeben. Neben den bisherigen Christine Kaufmann, Christoph Bürgenmeier und Vera Stauber gehören dem Stiftungsrat neu Nicole Hausammann und Yves Bernet an. Ich freue mich sehr über diese Aufstockung und bin überzeugt, dass das ‹Jahrbuch z'Rieche› auch in Zukunft ein wertvolles Medium zur Dokumentation der Gemeindegeschichte sowie eine unterhaltsame und informative Lektüre für alle, die in Riehen leben, und alle, die sich für Riehen interessieren, bleiben wird.

SPORT UND BEWEGUNG

Training auf der Anlage des Tennis-Clubs Riehen auf der Grendelmatte im Sommer 2019.

Kleine Geschichte der Riehener Sportstätten

ROLF SPRIESSLER

Der Weg vom wenig sportbegeisterten Bauerndorf zur Sportgemeinde Riehen, die etwa in der Leichtathletik als Gastgeberin von Meisterschaften einen nationalen Ruf besitzt und über viele schöne Freizeitanlagen verfügt, war ein weiter und ein steiniger.

Was ist Sport? Der ‹Schüler-Duden› definiert ihn als «Sammelbezeichnung für alle als Bewegungs-, Spiel- oder Wettkampfformen geprägten körperlichen Aktivitäten des Menschen». Der Begriff ‹Sport› leitet sich dabei ab von der Kurzform des englischen ‹disport› für ‹Vergnügen› und dies wiederum vom alt-französischen ‹desport› beziehungsweise vulgärlateinischen ‹deportare› für ‹sich vergnügen›. Heutzutage wird Sport allerdings hauptsächlich mit Wettbewerb und Hochleistung assoziiert. Steht der Wettbewerb nicht im Mittelpunkt, wird dies oft präzisiert, zum Beispiel mit Bezeichnungen wie ‹Breitensport›, ‹Gesundheitssport›, ‹Seniorensport› und so weiter.

Das diesjährige Jahrbuch nimmt den Sport nicht nur als Wettbewerb oder als Streben nach Bestleistungen in den Blick, sondern auch als körperliche Bewegung: als Freizeitbeschäftigung, zur Erhaltung der Fitness und Gesundheit und eben auch zum Vergnügen.

Dass die Gemeinde Riehen heute in Sachen Sport so gut dasteht, ist einigermassen erstaunlich, wenn man die Geschichte der Riehener Sportstätten rekapituliert. Schon früh träumten Politiker vom Bau umfangreicher Sportanlagen. Mehrere Pläne für die Schaffung eines grossen Frei- und Hallenbads scheiterten aber. Ebenso die Vision eines Sport- und Freizeitparks im Brühl. Auch spätere Bestrebungen, den Standort Grendelmatte mit einer Mehrzweckhalle unterhalb der Guten Herberge oder mit mehr Rasenspielfeldern zu erweitern, schlugen fehl.

DIE BASLER TURNBEWEGUNG ERREICHT RIEHEN NICHT

Im Jahr 1800 gab es in Basel erste Diskussionen zur Aufnahme der Turnerei, weil «die Leibesübung ungemein viel zur Gesundheit und Abhärtung des Leibs thut: sie thut viel zur Gewandtheit, zu Schönheit und Anstand», wie Eugen A. Meier in seinem Jubiläumsbuch zum hundertjährigen Bestehen des RTV Basel, ‹Turnen und Handball›, 1979 eine zeitgenössische Quelle zitiert. Als man in der Stadt also öffentlich über Sport zur Verbesserung der Volksgesundheit zu diskutieren begann, war Riehen ein armes Bauerndorf. Und so etwas brauchte es in den Augen der Bauernfamilien nicht: Es gab auch ohne Sport genug zu tun für alle.

Deshalb hatte es der erste eigentliche Sportverein in Riehen – sieht man von den bereits 1867 gegründeten Feldschützen ab, deren Hauptzweck in der Sicherstellung der militärischen Wehrtüchtigkeit bestand – in den Anfangsjahren ausserordentlich schwer. Ein erster Turnverein wurde in Riehen 1876 gegründet, löste sich aber 1879 wieder auf. Der noch heute bestehende Turnverein Riehen (TVR) wurde 1882 aus der Taufe gehoben. Geübt wurde in der Turnhalle des 1879 erbauten Schulhauses Erlensträsschen, im Zentrum stand das Geräte- und Sektionsturnen.

Das Turnen war in jenen Jahren offenbar die einzige Leibesertüchtigung, die die Riehener Politik für unterstützungswürdig hielt. Im Gegensatz zum Turnverein erhielt der in jenen Jahren sehr erfolgreiche Kraftsportverein Riehen keine Unterstützung. Als sich dieser Ende 1919 über seine «stiefmütterliche Behandlung» beklagte, erwiderte der Gemeinderat in einem Antwortschreiben postwendend: «Die bescheidene Subvention, welche dem hiesigen Turnverein gewährt wird, kann für Ihren Verein nicht als Masstab genommen werden, da eben der Turnverein einen körperlich erzieherischen Zweck verfolgt, währenddem es sich bei ihrem Verein um einen spezifischen Sport handelt», wie Sibylle Meyrat in ‹Riehen – ein Portrait› ein Schreiben im Staatsarchiv Basel-Stadt zitiert. Die Gemeinde tat sich also bis mindestens in die 1920er-Jahre hinein schwer damit, die Berechtigung des Sports anzuerkennen, wenn kein erzieherischer Wert darin zu erkennen war.

Die ersten Riehener Leichtathleten trainierten in den späten 1920er-Jahren in der Turnhalle an der Burgstrasse. Das Schulhaus war 1911 als Sekundarschulhaus gebaut worden, die Turnhalle 1918 hinzugekommen. Gelaufen wurde auf der Burgstrasse. Die Leichtathletikwettkämpfe des «Schlussturnens», wie die Vereinsmeisterschaft des TV Riehen zum Ende der Saison noch heute heisst, fand jeweils auf dem abgeernteten Feld neben dem Burgschulhaus statt. Auf dem Stoppelfeld konnten die Leichtathleten ihre Sprung- und Wurfanlagen herrichten.

EIN SCHWIMMBAD ALS AUFTAKT

Die erste sportliche Betätigung, die in Riehen mit einer eigenen Anlage Fuss fasste, war das Schwimmen. Allerdings blieb es immer beim Schul- und Freizeitsport. Als erste Aktennotiz betreffend einer Badeanstalt in Riehen nennt Hans Adolf Vögelin in seinem Beitrag in ‹Riehen – Geschichte eines Dorfes› 1972 ein Schreiben des Basler Regierungsrats vom 1. September 1888. Darin ermächtigte dieser die Gemeinde Riehen, an einer Gant eine Parzelle zu erwerben, um darauf einen Badeplatz anzulegen. Dieser wurde am Mühleteich beim Kanalbrett eingerichtet und ab 1889 benützt.

Weil sich dieser Platz offenbar nicht bewährt hatte, wurde 1897 der Bau einer Badeanstalt am Weilerteich nach Plänen des Baudepartements in Auftrag gegeben. Die alte Riehener ‹Badi› an der Weilstrasse wurde am 16. Juni 1898 eröffnet. Die Gemeinde erweiterte das Schwimmbecken 1935 wesentlich. In den Jahren 1953 und 1961 wurde das ‹Riechemer Bedli›, wie es im Volksmund liebevoll genannt wurde, modernisiert und erweitert.

Danach war die Weiterentwicklung des Schwimmbads an der Weilstrasse blockiert, weil um die Projektierung einer Zollfreistrasse gerungen wurde, die auch dieses Areal betraf. Ein ambitioniertes Neubauprojekt eines Frei- und Hallenbads, das sich vom Schlipf linksseitig der Weilstrasse bis zur Baselstrasse ausgedehnt hätte, scheiterte 1983 in einer Volksabstimmung. Für den Riehener Sport war das ein herber Rückschlag.

Die Zollfreistrasse wurde schliesslich definitiv geplant. Die Bauarbeiten begannen 2006 und im Herbst 2007 wurde das alte Freibad an der Weilstrasse abgerissen. Als

Abgeltung dafür erhielt die Gemeinde Riehen von deutscher Seite eine Entschädigung in Höhe von 2,5 Millionen Franken. Diese Summe bildete den Grundstock für die Projektierung eines Naturbads auf der gegenüberliegenden Strassenseite. In einer Referendumsabstimmung zur Zonenplanänderung, die Voraussetzung für den deutlich kleineren Schwimmbadneubau ohne Halle war, sagte das Riehener Stimmvolk im April 2010 Ja zum Naturbad. Es wurde an Pfingsten 2014 in Betrieb genommen und ist als Freizeitbad sehr beliebt, bietet dem sportlichen Schwimmen aber kaum Raum und konnte auch den akuten Mangel an Schwimmmöglichkeiten für den Riehener Schulsport nicht entschärfen. Denn dafür eignet es sich nur bedingt. Das einzige Riehener Schulschwimmbad im Wasserstelzenschulhaus genügt für die sechs Primarschulstandorte der Gemeindeschulen Bettingen Riehen bei Weitem nicht.

DER TRAUM VON DER NATUREISBAHN
Bereits 1909 gab es Bestrebungen, eine Natureisbahn einzurichten. Der Verkehrsverein Riehen betrieb zunächst in den Stellimatten eine Eisbahn. Ab 1926 unterhielt die Einwohnergemeinde auf dem Eisweiher am Erlensträsschen eine solche und baute dort 1954 sogar ein Garderobengebäude mit WC-Anlage.
Schon früh zeigte sich aber, dass der Standort ungeeignet und eine Benutzung nur an wenigen Tagen im Jahr möglich war, in milden Wintern überhaupt nicht. Da es aber einige wundervolle Winter mit längerem Natureisbahnbetrieb gab und das Eisfeld auf dem Eisweiher dann ausserordentlich gross, idyllisch gelegen und sehr gut besucht war, wurde das Eislaufen auf dem Eisweiher von vielen romantisiert und genoss in der Bevölkerung grossen Rückhalt. So kam es zu Protesten, als die Gemeinde den Eisweiher als Natureisbahnbetrieb aufgeben wollte und nach Alternativen suchte. Seit dem Winter 2008/09 versucht die Gemeinde, bei geeigneten Bedingungen auf dem Kiesplatz im Sarasinpark eine nur noch sehr kleine Natureisbahn einzurichten, was das eine oder andere Mal gelang. In der Regel benutzen die Riehener Bevölkerung und die Riehener Schulen aber die Kunsteisbahn Eglisee, deren Betrieb von der Gemeinde finanziell unterstützt wird.

DER TENNISANLAGENBAUER IM NIEDERHOLZ
Früh in Riehen präsent war auch das Tennis. Gärtnermeister Bruno Weber spezialisierte sich mit seinem 1896 gegründeten Gartenbaugeschäft im Niederholzquartier ab 1922 auf den Tennisplatzbau. Seit 1927 befanden sich auf seinem Areal Im Niederholzboden/Arnikastrasse drei Tennisplätze, die der Öffentlichkeit gegen eine Stundenmiete zur Verfügung standen. Einige Spieler, die dort regelmässig spielten, gründeten am 1. Februar 1928 den Tennis-Club (TC) Riehen. Schnell wuchs der junge Verein auf durchschnittlich 70 spielende Mitglieder an.
Als die Gärtnerei während des Zweiten Weltkriegs ihre Tennisplätze bepflanzen musste, durfte der TC Riehen ab April 1943 zwei private Plätze benützen: den von Alexander Clavel auf dem Wenkenhof und jenen der Familie Schürmann an der Sonneggstrasse. Gegen Ende des Jahrzehnts verlegte der TC Riehen seine Basis auf die Grendelmatte, unmittelbar neben den dort zu jenem Zeitpunkt schon bestehenden Sportplatz. Im Juni 1949 weihte er seine erste eigene Anlage mit zwei Tennisplätzen ein. Diese gehörte der eigens dafür gegründeten Genossenschaft Tennisanlage Riehen. Als Klubhaus diente in den Anfangsjahren eine bescheidene Holzhütte, die man dem TC Schützenmatte abgekauft hatte.
Die Anlage wurde in den folgenden Jahrzehnten kontinuierlich verbessert und erweitert – 1951 und 1959 kamen je zwei weitere Tennisplätze hinzu. Im Jahr 1956 erfolgte

Sportplatz Grendelmatte um 1945.

Sportplatz Grendelmatte 1945.

Alte ‹Badi› am Schlipf 1979.

Eisweiher, Wässerung um 1970.

Turnhalle des Burgschulhauses 1981.

die Einweihung des neuen Klubhauses, das 1978 erweitert wurde und sein heutiges Gesicht erhielt, 1971 kam eine Bocciabahn hinzu und 1983 wurde Platz 7 erstellt.

Tennis spielte man in Riehen aber auch andernorts. Im Jahr 1958 gab der Kanton Basel-Stadt dem Firmensportclub der Geigy AG am Kohlistieg ein Areal für 50 Jahre im Baurecht ab, damit dort von Bruno Webers Gartenbaubetrieb ein Tennisplatz errichtet werden konnte. Als die Fusionsfirma Novartis ihren Firmensportklub aufgab, löste sich der privat geführte TC Rosental heraus, der die Plätze ab 2004 sehr erfolgreich weiterbetrieb. Der Kanton verlängerte den auf 2008 befristeten Baurechtsvertrag allerdings nicht mehr, sondern bezog das Tennisplatzareal in das Gesamtüberbauungsprojekt mit dem Alterspflegeheim Humanitas und der Wohnüberbauung der Wohnbau-Genossenschaft Nordwest ein. Der TC Rosental musste den Betrieb 2012 einstellen.

Heute wird auch im Stettenfeld Tennis gespielt. Dort suchte der Riehener Wilhelm Fackler eine Nutzungsmöglichkeit für sein Bauland, das offiziell nicht erschlossen war. Er schloss 1977 einen Baurechtsvertrag mit der Tennissport Regio AG ab, die nach der Bewilligung der Tennisplatzpläne 1979 definitiv gegründet wurde und im selben Jahr einen Tennisplatz mit vier Plätzen und einem Klubhaus realisierte. Ende 1979 entstand der Tennisclub Stettenfeld, der den Platz zunächst von der Tennissport Regio AG mietete und ihn Mitte 1997 als neuer Baurechtsnehmer übernahm. Die Zukunft dieses Tennisplatzes ist abhängig von der noch ungewissen baulichen Entwicklung im Stettenfeld.

ZAGHAFTER BEGINN IM SPORTPLATZBAU

Mit dem Bau eines Gemeindesportplatzes tat sich die Riehener Politik lange Zeit schwer. Schon die Suche nach einem geeigneten Standort war nicht leicht, da im Gebiet Niederholz eine Hochspannungsleitung im Weg stand und im Gebiet Erlensträsschen das Wasserwerk wegen der Schutzzone Einsprache erhob. Und in der Gemeindeparlamentssitzung vom 5. Januar 1925 gab es Opposition gegen einen beantragten Gemeindebeitrag von 5000 Franken an den Bau eines vom Kanton geplanten Sportplatzes auf der Grendelmatte. Die bürgerliche Seite wandte ein, dass «die von Fachmännern herausgerechneten Gesamtanlagekosten von ca. 40 000 Franken in einem Gemeindewesen wie Riehen nutzbringender angelegt werden könnten als für einen Sports-, Fest- und Feuerwehrübungsplatz». Der Baubeginn verzögerte sich. Erst im Dezember 1928 konnte den Vereinen auf der Grendelmatte vorerst provisorisch ein grosses Rasenspielfeld zur Verfügung gestellt werden. Darüber freute sich insbesondere der Fussballclub (FC) Riehen, der seit seiner Gründung 1916 immer wieder auf der Suche nach einer Spielfläche gewesen war und zuletzt den Spielbetrieb während eineinhalb Jahren ganz hatte einstellen müssen – das Wasserwerk hatte ihm im Oktober 1926 untersagt, das Areal eines Hundesportvereins weiter zu benützen.

Der erste Fussballklub, der als Heimklub auf Riehener Boden spielte, ist der FC Riehen allerdings nicht. Bereits im Jahr 1912 richtete der 1901 in Kleinbasel gegründete FC Nordstern an der Äusseren Baselstrasse beim Staldenrain einen Fussballplatz ein. Der Verein musste ihn 1917 aufgeben, worauf die Gemeinde ihn als Pflanzlandareal nutzte. Nach Provisorien auf der Margarethenwiese und dem Bäumlihofareal baute der FC Nordstern schliesslich 1922 auf Kleinbasler Boden das eigene Stadion Rankhof. Der eigentliche Sportplatzbau auf der Grendelmatte erfolgte im Frühjahr 1929. Man erstellte eine 400-Meter Aschenbahn mit vier Laufbahnen. Die Laufbahn war fünf Meter breit, die Kurven waren gegen aussen erhöht. Ausserdem gab es Wurf-, Stoss- und Sprunganlagen, je vier Barren und Recke, Kletterstangen, verschiedene Einrichtungen für den Schulsport, einen Schwingplatz sowie Umkleide- und Materialräume und eine Toilettenanlage. Am 23. Juni 1929 wurde der Sportplatz mit einem grossen Fest eingeweiht. Bereits 1938 wurde er ein erstes Mal saniert.

In der Folge wuchs Riehen rasant. Zählte das Dorf 1929 erst 6600 Einwohnerinnen und Einwohner, so waren es Ende 1952 bereits 13 300. Dies bewog die politischen Verantwortlichen, eine grundlegende Neukonzeption des Sportplatzes Grendelmatte in die Wege zu leiten. Im Jahr 1954 wurde der Ausführungskredit bewilligt. Entlang der Grendelgasse entstand das Gardenrobengebäude mit Tribüne. Die alte Aschenbahn, die sich ursprünglich quer zur Grendelgasse vom heutigen Festzelt Richtung Tennisplatz erstreckte, wurde um 90 Grad gedreht. Das neue «Stadion Grendelmatte», wie man es damals stolz nannte, wurde 1955 eröffnet.

Gegen Ende der 1960er-Jahre entstand die Vision eines grossen Sport- und Erholungsparks. Die Grendelmatte sollte im Brühl in Richtung Dorfzentrum mit einem Schwimmbad, das im Winter zur Kunsteisbahn würde, einer Mehrzweckhalle sowie Schulsport- und weiteren Freizeiteinrichtungen wie einem Spielplatz erweitert werden. Der Grosse Rat nahm einen dazu nötigen Umzonungsantrag der Planungskommission vom Sommer 1968 im Jahr 1972 zwar an, ein Referendum führte allerdings nach einem heftigen Abstimmungskampf zu einer deutlichen Ablehnung. Damit war ein grosszügiger Ausbau der Grendelmatte zu einem Sportzentrum auch für weitere Sportarten vom Tisch. Die einzigen Erweiterungen auf diesem Gebiet blieben zwei zusätzliche Rasenfelder – das C-Feld jenseits des neuen Teiches und der Grendelmatte-Nebenplatz ‹Bändli›.

Als man sich mit der Sportplatzerweiterung Richtung Brühl befasste, war gleichzeitig die Erneuerung des bestehenden Sportplatzes bereits im Gang. Die rasant wachsende Gemeinde – 1970 waren es 20 990 Einwohnerinnen und Einwohner – verfügte mit 3,76 Quadratmetern pro Person nur über halb so viel Sport- und Freizeitflächen, wie es eine Studie der ETH als angemessen empfahl. Eine Erweiterung der Sportanlagen wurde deshalb dringend.

Der Sportplatzausbau 1972 umfasste den Bau einer Tartanbahn – eine Leichtathletik-Kunststoffrundbahn von 400 Metern Länge mit sechs Laufbahnen – und der üblichen Sprung- und Wurfanlagen. Ausserdem wurde neu ein Hartplatz mit zwei Spielfeldern gebaut, wo unter anderem Handball-Meisterschaftsspiele sowie Turniere des KTV Riehen und des CVJM Riehen ausgetragen wurden. Hauptsportarten auf der Grendelmatte sind heute Fussball, Leichtathletik – und der Schulsport. Der Handball findet inzwischen praktisch ausschliesslich in der Halle statt.

CHRONISCHER SPORTHALLENMANGEL

Die Geschichte der Riehener Sporthallen ist aus heutiger Sicht ein kleines Desaster. Die Vision einer Mehrzweckhalle Auf dem Brühl, die dem Riehener Hallensport hätte Auftrieb geben sollen, scheiterte wie erwähnt frühzeitig. Dann trieb der Gemeinderat unter der Regie von Fritz Weissenberger ein Sporthallenprojekt neben der Grendelmatte am Hang unterhalb der Guten Herberge voran. Dessen Infrastruktur hätte auch die wachsenden Bedürfnisse auf dem Sportplatz Grendelmatte nach zusätzlichen Garderoben und einer Indoor-Laufbahn für die Leichtathletik aufgefangen. Der Landkauf scheiterte am 1. März 1987 allerdings in einer kommunalen Referendumsabstimmung mit 2534 zu 2758 Stimmen.

Damit fand der gesamte Riehener Vereinshallensport weiterhin nur in den oft zu engen Schulturnhallen Erlensträsschen, Burgstrasse, Wasserstelzen, Hebel und Niederholz statt. Später wichen zum Beispiel die Fussball-Junioren und die Volleyballvereine auch auf die privat betriebene Mehrzweckhalle der Gehörlosen- und Sprachheilschule Riehen (GSR) an der Inzlingerstrasse aus. Diese Halle steht infolge des Wegzugs der GSR nach Aesch inzwischen nicht mehr zur Verfügung. Verschiedene Riehener Vereine trainierten mit einzelnen Teams auch auswärts. Heimspiele der Handballerinnen des TV Riehen beispielsweise fanden jahrelang in der St. Jakobshalle statt.

Ein nächster Anlauf, zu einer grösseren Sporthalle zu kommen, die auch das reguläre Hallenhandballspiel und das aufkommende Grossfeld-Unihockey erlaubt hätte, wurde auf dem Schulhausareal Niederholz/Hebel unternommen. Der Kanton als Besitzer nötigte die Gemeinde, anstelle der kleinen und veralteten Niederholzturnhalle auf eigene Kosten eine Dreifachhalle zu erstellen, die dann offiziell im Besitz des Kantons stand. Immerhin konnte sich die Gemeinde das Recht ausbedingen, die Belegung ausserhalb der Schulzeiten bestimmen und damit die Bedürfnisse der Riehener Vereine besser berücksichtigen zu können. Am 29. März 1996 wurde die Sporthalle Niederholz eingeweiht.

Eine weitere Chance wurde beim Schulhausneubau Hinter Gärten vertan. Dort baute der Kanton 2006 nur eine Doppel- statt einer Dreifachhalle und dimensionierte sie ausserdem zu kurz, um die offiziellen Masse für Handball und Grossfeld-Unihockey zu erfüllen.

MINIGOLF UND FINNENBAHN

Eine Hochburg war Riehen während Jahrzehnten im Minigolf. Im Jahr 1965 wurde beim damaligen Restaurant Niederholz eine der schönsten 18-Loch-Anlagen der Schweiz in Betrieb genommen, auf der sogar nationale Titelkämpfe ausgetragen wurden. Mit dem Verkauf und anschliessenden Abriss des Restaurants zugunsten einer Wohnüberbauung musste diese Minigolfanlage Ende Saison 2001 aufgehoben werden. Eine damals in Aussicht gestellte Alternativlösung steht bis heute aus.

Eine Erfolgsgeschichte ist die 1968 erstellte öffentliche Finnenbahn am Ausserberg, die auch von Vereinen und vom Schulsport rege benutzt wird. Am Rand des 500-Meter-Rundkurses auf einer Sägemehlunterlage, der eine grosse Steigung enthält, befindet sich ein Waldgeräte-Parcours für das begleitende Kraft- und Koordinationstraining.

Mit dem Bikesport tat sich die Gemeinde schwer. Jahre nachdem Bettingen eine eigene Route auf ihrem Gemeindegebiet in Betrieb genommen hatte, gelang es 2007, eine gemeinsame Rundstrecke durch den Riehener und Bettinger Wald zu schaffen.

Beim Beachvolleyball ging es schneller. Im Jahr 2000 schuf man auf dem Sportplatz Grendelmatte ein Feld. Praktisch gleichzeitig erhielt der Schulsport auf Initiative eines Gymnasiallehrers zwei Beachvolleyballfelder auf dem Sportplatz Bäumlihof, der auf Riehener Boden liegt. 2006 wurde das Beachvolleyballfeld auf dem Sportplatz Grendelmatte im Zusammenhang mit der Einrichtung eines neuen Kunstrasenfelds aufgehoben und an anderer Stelle durch zwei neue ersetzt. Im gleichen Zug wurde der Hartplatz von zwei Feldern auf ein Handballfeld verkleinert und die Skateboard-Halfpipe, die mehrere Jahre in einer Ecke des Sportplatzgeländes gestanden hatte, abgebaut und dem IWB-Pumpwerk Lange Erlen übergeben, wo sie Teil eines inzwischen aufgehobenen Freizeitparks war. Mit dem Bau des 2014 in Betrieb genommenen Naturbads wurde am Schlipf ein weiteres Beachvolleyballfeld geschaffen, das ausserhalb der Badimauern liegt und der Öffentlichkeit zur Verfügung steht.

Die Bogenschiessanlage im Stettenfeld als Heimat der national und auch international erfolgreichen Bogenschützen Juventas Basel-Riehen geht auf eine Privatinitiative zurück. Und auch der Lüschersaal im Haus der Vereine

Blick auf die Grendelmatte: Vorne rechts der Tennisplatz des TC Riehen, links anschliessend das Kunstrasenfeld und darüber der Hartplatz und das Beachvolleyballfeld, rechts davon das B-Feld, darüber der Hauptplatz mit Leichtathletikbahn, links davon das C-Feld und oben links der Nebenplatz ‹Bändli›.

Das Naturbad mit der eigentlichen Badeanstalt, rechts oben Regenerationsflächen zur natürlichen Reinigung des Badewassers und darunter liegendem Beachvolleyballfeld und Parkplätze anstelle der alten ‹Badi›.

ist eine erfolgreiche Sportstätte – dort spielt die Schachgesellschaft Riehen seit Jahren in der Nationalliga A der prestigeträchtigen Schweizerischen Mannschaftsmeisterschaft.

BEWEGUNGSANGEBOTE UND SPORTSTÄTTENKONZEPT

Inzwischen sind wieder Bestrebungen im Gang, die Infrastrukturen für den Vereins- und insbesondere auch für den Schulsport auszubauen. Seit geraumer Zeit fördert die Gemeinde ausserdem allgemeine Bewegungsangebote wie die kostenlosen Veranstaltungen im Sommer – in Zusammenarbeit mit ‹Gsünder Basel› auf der Wettsteinanlage und im Naturbad – oder im Winterhalbjahr die Kinder- und Jugendangebote ‹Midnight Sports› in der Sporthalle Niederholz und ‹Open Sunday› in den Turnhallen Wasserstelzen. Im Jahr 2019 wurde auf dem Sportplatz Grendelmatte eine öffentliche Streetworkout-Anlage eröffnet. Erwähnenswert ist in diesem Zusammenhang auch das gute und feinmaschige Spielplatzangebot und die Tatsache, dass Riehen gerade mit den ausgedehnten Wegnetzen in den Langen Erlen, im Moostal, im Autal und in den Riehener Wäldern für Jogging und Walking sehr beliebt ist. Der Gemeinderat hat 2017 ein Sportstättenkonzept verabschiedet und sucht insbesondere nach Standorten für eine zusätzliche Turnhalle und eine Skateranlage. Damit ist der Ausbau der Riehener Sportstätten auch wieder als Schwerpunkt aufs politische Parkett zurückgekehrt. Da die Gemeinde 2017 im Rahmen der Übernahme der Schulliegenschaften vom Kanton durch Kauf auch die Schulturnhallen übernahm, haben sich die Voraussetzungen in der Riehener Sportstättenplanung geändert.

QUELLEN:
Verena Aeberli: 90 Jahre TC Riehen, in: Club-Magazin des TC Riehen, 2018
Eugen A. Meier: Baselsport. Ein Querschnitt durch die Geschichte des Sports in Basel von den Anfängen bis zur Gegenwart, Basel 1991
Eugen A. Meier: Fussball in Basel und Umgebung, Basel 1979
Eugen A. Meier: Turnen und Handball. 100 Jahre RTV Basel 1879, Basel 1979
Paul Schäublin: 75 Jahre Turnverein Riehen. Festschrift über die Jahre 1932–1957, Riehen 1957
Sibylle Meyrat: Freizeit und Begegnung, in: Arlette Schnyder et al. (Hg): Riehen – ein Portrait, Basel 2010, S. 255
‹Sport›, in: Schülerduden, Mannheim/Wien/Zürich 1987
Tennisbau AG Reiden (vormals Bruno Weber & Sohn, Riehen), Unternehmen, URL: https://www.tennisbau.ch/ch/unternehmen/firmengeschichte, Zugriff: 22.09.2019
Hans Adolf Vögelin: Von der Französischen Revolution bis zur Gegenwart (1789–1970), in: Riehen – Geschichte eines Dorfes, Riehen 1972, S. 384ff.

Disc-Golf-Schweizermeisterschaft im Wenkenpark, 2013.

Höchstleistungen aus der sportlichen Breite

RALPH SCHINDEL

Riehen ist auch eine Sportstadt. Dies zeigt die Analyse der Verleihung des Riehener Sportpreises und der in der Gemeinde ausgetragenen Sportveranstaltungen. Unter den Sportpreisträgerinnen und -trägern sind aber nicht nur weiterum bekannte Sportlerinnen, Sportler und Vereine, sondern auch solche, die unerkannt von der breiten Öffentlichkeit Spitzenresultate liefern.

Zu den grossen und bekannten Riehener Vereinen gehören sicherlich der Turnverein oder der Fussballclub Amicitia Riehen. Daneben haben sich aber auch Vereine abseits der Massen im Spitzensport profiliert. So erhielten 2018 der Bogenschützenverein Juventas Basel-Riehen den Sportpreis (siehe separaten Beitrag) und 2017 die Taekwondo-Schule Riehen. Die Kunst der Selbstverteidigung entwickelte sich über 2000 Jahre hinweg in Korea, in Riehen ist sie erst seit 2004 durch die Schule von Daniel Liederer etabliert. Bereits 2007 organisierte sie ihre erste Schweizermeisterschaft im Formenlaufen (Poomsae). Inzwischen hat die Poomsae-Schweizermeisterschaft bereits drei Mal in Riehen stattgefunden. Den Sportpreis erhielt die Taekwondo-Schule Riehen wegen der Verbindung von sportlichem Erfolg und Engagement im Nachwuchsbereich und in der Ausbildung.[1] Aushängeschild der Schule ist Maria Gilgen, Mitglied des Schweizer Nationalkaders. Sie erreichte 2018 den 5. Rang an der Weltmeisterschaft in Taipeh und holte 2019 die Silbermedaille an der Europameisterschaft in Antalya in der Kategorie bis 50 Jahre.

Sicher auch kein Massensport ist Disc Golf, bei dem analog zum Golf mit Ball ein Frisbee mit möglichst wenigen Versuchen in einen Korb befördert werden muss. 2013 beherbergte der Wenkenpark die Schweizermeisterschaft, die von Basel aus organisiert wurde.[2]

Zu den etablierteren Sportarten gehört dagegen das Rudern. Der Basler Ruder-Club (BRC) bewirtschaftet die 150 Meter Riehener Rhein-Anstoss. Und das sehr erfolgreich: 2018 holte der Club an den Schweizermeisterschaften vier Titel und je zwei Silber- und Bronzemedaillen. In der Clubwertung belegte der BRC den 8. Rang.[3] Damit wurde quasi die Verleihung des Riehener Sportpreises 2016 bestätigt. Damals erhielt der BRC die Auszeichnung für seine «sorgfältige und erfolgreiche Nachwuchsarbeit und seine Tätigkeit im Breitensport».[4] Der BRC, 1884 gegründet, ist mit rund 500 Mitgliedern einer der grössten Schweizer Ruderclubs. Die Auszeichnung erhielt der BRC aber auch für einen Olympiasieg: Simon Niepmann und Lucas Tramèr vom BRC gewannen zusammen mit Simon Schürch und Mario Gyr am 11. August 2016 in Rio Olympia-

30. VCR-Radkriterium im Kornfeldquartier, 2016.

Gold im Leichtgewichts-Vierer. Mathias Lampart ruderte ursprünglich im BRC und erhielt den Sportpreis 2006. Zum Zeitpunkt der Preisverleihung war er aber bereits beim Ruderclub Blauweiss Basel. Der Ruderer bekam den Preis in Anerkennung seiner sportlichen Erfolge. Er wurde in der Nachwuchskategorie U23 zusammen mit Benjamin Hänzi 2001 Schweizermeister im leichten Doppelzweier. 2003 holte Lampart als Polizist an den ‹Police and Fire Games› Gold im Skiff.[5] Ausserdem fuhr Lampart mehrere Weltcup-Rennen.

Noch nicht ganz so alt wie der BRC ist der Veloclub Riehen (VCR). Ernesto Cenci initiierte 1934 die Gründung des Vereins, der sportlich und als Organisator rasch Erfolg hatte. Der Verein holte 1940 an der Schweizermeisterschaft im Mannschaftfahren Silber. Die 1940er-Jahre sahen den VCR als Seriensieger am Kantonalen Mannschaftfahren und auch auf nationaler Ebene war er weiter erfolgreich. Hans Bolliger reichte es nach dem Zweiten Weltkrieg sogar zur Teilnahme an einer Strassen-Weltmeisterschaft. Der VCR organisierte die Nordwestschweizer Rundfahrt 1944, die Schweizermeisterschaft 1946, den grossen Mustermesse-Preis 1947 und in den Jahren 1947 bis 1958 das Europa-Kriterium für Berufsfahrer. In den 1980er-Jahren nahm der VCR die Tradition als Organisator wieder auf. Im kleineren Rahmen richtete er bis 2016 das Rad-Kriterium Riehen aus. Der VCR hat sein Schwergewicht heute im Breitensport. Der Spitzensport ist trotzdem ein Thema. Katrin Leumann war auf dem Mountainbike international erfolgreich und wurde im Crosscountry 2010 Einzel- und Staffel-Europameisterin sowie Staffel-Weltmeisterin und nahm an den Olympischen Spielen 2004 in Athen und 2012 in London teil.[6] Ausserdem ist sie dreifache Schweizermeisterin im Crosscountry (2004, 2008, 2009) sowie Schweizermeisterin im Querfeldein (2007). Der VCR erhielt den Sportpreis der Gemeinde Riehen im Jahr 2015, Leumann durfte die Auszeichnung bereits zwei Mal entgegennehmen (2003 und 2010).

Schlussgang des Nordwestschweizer Schwingfests auf der Grendelmatte, 2006.

GROSSER VEREIN UND STARKE SPORTLERINNEN

Der Turnverein Riehen (TVR) brachte ebenfalls einige erfolgreiche Einzelsportlerinnen und -sportler hervor. Mit dem Riehener Sportpreis ausgezeichnet wurden Simone Werner und Silvan Wicki (Kurzstrecke, 2013), Ines Brodmann (OL, 2004 und 2013), Debora Büttel (Mittelstrecke, 2004), Nicola Müller (Speer, 2002), Pascal Joder (Speer, 1998) sowie der Gesamtverein (2001).

So beliebt wie heute war der TVR zur Gründungszeit 1882 aber noch nicht. Streitigkeiten, Ausschlüsse und derbe Umgangsformen gehörten dazu. Der TVR hatte grosse Probleme, Zutritt zu einer Turnhalle zu bekommen.[7] Diese Zeiten sind vorbei: Der TVR ist heute vor allem bekannt für seine hervorragend organisierten Anlässe und seine ausgezeichnete Nachwuchsarbeit. Davon zeugt unter anderem der Turnfestsieg der Jugendriege am Eidgenössischen Turnfest 2019 in Aarau.

Auch als Organisator blickt der TVR auf eine lange Geschichte zurück. Mehrere Nachwuchs-Schweizermeisterschaften der Leichtathletik (U16 und U18, zuletzt 2015 und 2009) fanden schon auf der Grendelmatte statt. 1930 übernahm der TVR erstmals die Organisation des Kantonalturnfestes Basel-Stadt. 1957 folgte das zweite Fest in Riehen. Das Wetter war diesmal aber so schön und heiss, dass das Publikum ausblieb. Bei der 9. Austragung 1975 war wiederum der TVR Gastgeber. Damals waren die vier Kantonalturnverbände – der Frauen und der Männer von Basel-Stadt und Basel-Landschaft – erstmals am Kantonalturnfest beider Basel vereint.[8] Die Organisation von Schwingertagen reicht noch weiter zurück: 1920 fand der Baselstädtische Schwingertag erstmals in Riehen statt. Es folgten die Ausgaben in den Jahren 1932, 1950 und 1978. Einige Tausend Interessierte umsäumten damals die Sägemehlringe. In den letzten rund zwanzig Jahren waren die Schwinger regelmässig auf der Grendelmatte zu Gast: am Baselstädtischen Schwingertag 1998, 2012 und 2017 sowie am Nordwestschweizer Schwingfest 2006, das den Sieg des Eidgenossen Grab Martin sah.

Auch sportlich bot der TVR schon früh Spitzenleistungen: In den 1930er-Jahren waren mit den Leichtathleten

Fritz Scherr und Fritz Seeger zwei Internationale im TVR. 1935 wurde der Verein in Biel Schweizermeister in der 10x80-Meter-Stafette. In den späten 1970er- und frühen 1980er-Jahren vertraten dann die Sprinter Patrick Wamister und Vito Anselmetti, die Speerwerferin Katrin Dunkel und die Hürdensprinterin Beatrice Plüss den TVR international. Es folgten die Nachwuchs-Schweizermeistertitel der Mittelstreckenläuferin Elke Ratzkowski, des Speerwerfers Pascal Joder, der Kugelstosserin Sabrina Lenzi, des Sprinters Benjamin Ingold, der Mittelstreckenläuferin Deborah Büttel und des Mittelstreckenläufers Florian Ulmann sowie von Mirjam Werner im 300-Meter-Hürdenlauf. Daniel Giger wurde im Team von Reto Götschi Bob-Europameister. Benjamin Ingold war Mitglied der Sprint-Nationalstaffel, Deborah Büttel bestritt Nachwuchs-Europa- und Weltmeisterschaften und Ines Brodmann feierte nationale und internationale Erfolge im Orientierungslauf. Sogar einen Schweizermeistertitel bei der Elite gab es: Nicola Müller siegte mit dem Speer 2002. In jüngerer Zeit machten Simone Werner und Silvan Wicki Schlagzeilen: Werner wurde 2013 in Luzern über 400 Meter erstmals Elite-Schweizermeisterin, dasselbe gelang Silvan Wicki im 200-Meter-Lauf der Männer. Beide starteten damals für die Old Boys Basel.[9] Wicki holte zuletzt im Dress des BTV Aarau den Hallen-Schweizermeistertitel über 60 Meter.[10] Trotz all dieser Erfolge setzte der TVR nicht nur auf die Karte Leistungssport. Das breite Sozialleben ist genauso wichtig. Das zeigt die Existenz eines Mutter-Kind-Turnens oder der Wandergruppe. Bedeutung hat der TVR auch für weitere Sportarten.[11] Aus dem Verein sind beispielsweise die 1963 gegründeten Turnerinnen Riehen und 1993 der Ski- und Sportclub Riehen (SSCR) hervorgegangen. Der SSCR bietet Radtouren, Kinder- und Erwachsenenturnen, Laufsport und Langlauf an. Bekannte Anlässe sind der Chrischonalauf und der Nacht-Dorf-OL zusammen mit der Orientierungslaufgruppe Basel, der 2019 zum 20. Mal stattfand. Gemeinsam mit der Langlaufgruppe Lausen hat der SSCR Anfang Jahr die Biathlon-Schweizermeisterschaften auf dem Notschrei im Südschwarzwald organisiert.[12]

VIELE JUGENDLICHE UND EIN CUPSIEG

Ebenfalls ein grosser Verein ist der FC Amicitia Riehen. 2009 erhielt Amicitia den Sportpreis für den erstmaligen Sieg im Basler Cup, 1996 für die Juniorenabteilung. Der 1930 gegründete Verein schaut auf eine Geschichte mit schönen Erfolgen, aber auch tiefen Krisen zurück. Ende der 1970er-Jahre stand der Verein trotz Aufschwung im Schatten des FC Riehen. Der Aufbau einer eigenen Juniorenabteilung war für Amicitia lange Zeit mehr Leidens- denn Erfolgsgeschichte. Als der FC Riehen aber im Jahr 1993 finanzielle Probleme hatte und interne Konflikte austrug, trat ein grosser Teil der Junioren zu Amicitia über. Dieser nutzte diese Chance, indem er die Juniorenabteilung weiter ausbaute – schon seit längerem eine der grössten der Region –, und bald schafften es die ersten eigenen Junioren in die Aktivteams.[13] In der Saison 2000/01 gelang der Aufstieg in die höchste regionale Spielklasse, die 2. Liga. Lange gehörte Amicitia zu den Spitzenteams der Region, 2009 feierte der Verein den Sieg im Basler Cup.[14] In der vergangenen Saison aber stieg die 1. Mannschaft in die 3. Liga ab.

ERFOLGREICHE VEREINE

Weitere Vereine, die den Sportpreis erhielten, sind die Schachgesellschaft Riehen (2011), der Unihockey-Club Riehen (2008), der KTV Riehen (1999 für die Volleyballerinnen) und der CVJM Riehen (1997 für die Basketballer). Die Schachgesellschaft (SG Riehen) holte in den Saisons 2011, 2013 und 2014 den 2. Platz in der Schweizerischen Mannschaftsmeisterschaft. Seit 2003 ist die Gesellschaft

Spitzenmehrkämpferin Géraldine Ruckstuhl beim Hürdensprint im Rahmen der Nachwuchs-Schweizermeisterschaften U16/U18 auf der Grendelmatte, 2015.

ununterbrochen in der Nationalliga A, Riehen 2 spielt in der Nationalliga B. Es gelang der SG Riehen auch immer wieder, Grossmeister für Simultanpartien zu gewinnen. Über die Grenzen des Schachsports hinaus bekannt ist beispielsweise der ehemalige Weltmeister Anatoli Karpow, der 2003 nach Riehen kam.[15] Seit 2016 findet zudem das Basler Schachfestival im Landgasthof statt. Es kann jedes Jahr verschiedene Grossmeister begrüssen.[16]

Der Unihockey-Club Riehen (UHC Riehen) gehört noch fast zur Pioniergeneration der Schweizer Unihockey-Vereine. Die Anfänge des Unihockeys reichen in die 1970er-Jahre zurück, der UHC Riehen wurde 1991 gegründet. Nebst einigen schönen Erfolgen der Juniorenmannschaften ist in der vergangenen Saison bei den Aktiven der Abstieg aus der obersten Kleinfeld-Liga zu verzeichnen. Die Frauen behaupten sich dagegen in der höchsten Spielklasse, wo sie auch schon die Playoffs erreichten. Aktuell verfügt der UHC Riehen über drei Aktiv- und sechs Junioren- und ein Juniorinnen-Team.[17]

Die 1. Damen-Volleyballmannschaft des Katholischen Turnvereins, heute nur noch als KTV Riehen bekannt, erhielt den Sportpreis 1999. Das Team stieg damals in die Nationalliga B auf. Damit hatte die erste Volleyballmannschaft aus Riehen den Sprung in die Nationalliga geschafft. Aber es kam noch besser: 2001/02 und 2002/03 spielten die KTV-Frauen sogar in der Nationalliga A und erreichten zwei Mal den 4. Rang. Mittlerweile spielt die 1. Mannschaft wieder in der 1. Liga. Der damalige Aufstieg hatte eine wichtige Folge: Nationalspielerin Lea Schwer blieb dem Verein erhalten. Sie hatte 1998 im EM-Qualifikationsspiel gegen Österreich ihr Debüt in der Frauennationalmannschaft gegeben, nachdem sie zuvor bereits Juniorinnen-Nationalspielerin gewesen war. An der Heim-Europameisterschaft 2000 war sie Captain der Schweizerinnen.[18] Ab 2003 feierte Lea Schwer Erfolge als Beachvolleyballerin. 2004 wurde sie mit Dinah Kilchenmann Zweite an der Europameisterschaft der U23. Mit Simone Kuhn holte sie 2005 den Schweizermeistertitel. In jenem Jahr erhielt Schwer auch den Riehener Sportpreis.

Lea Schwer (links) mit Simone Kuhn in der Olympiasaison 2008 am World-Tour-Turnier in Berlin.

Wegen einer verletzungsbedingten Absage qualifizierten sich Kuhn und Schwer kurzfristig für die Olympischen Spiele 2008. In Peking schieden sie aber sieglos nach der Vorrunde aus.[19]

Die Basketballer des CVJM (Christlicher Verein Junger Menschen) Riehen wurden 1997 für ihre Aufbau- und Nachwuchsarbeit mit dem Sportpreis ausgezeichnet. Bei seinem grössten Erfolg profitierte der Verein vom Prager Frühling. Tschechoslowaken flüchteten auch in die Schweiz nach Riehen. Darunter waren einige begnadete Basketballer. Mit einem Team aus tschechoslowakischen Spielern um den Ex-Nationalspieler Jaroslaw Slanicka schafften die Männer 1971 den Aufstieg in die Nationalliga B und spielten danach zwei Jahre in der zweithöchsten Spielklasse der Schweiz. In der Saison 1972/73 kam die Mannschaft bis in die Achtelfinals des Schweizer Cups.[20] Die Männer des CVJM spielen heute in der 2. Liga. Die Frauen etablierten sich zwischen 2009 und 2013 in der Nationalliga B und sind heute ebenfalls in der 2. Liga anzutreffen.

Ein weiterer Verein, der 2000 mit dem Sportpreis ausgezeichnet wurde, ist das Fechtteam Riehen-Scorpions (heute Fechtverein Basel- & Riehen-Scorpions) zusammen mit Gianna Hablützel-Bürki. Diese erfocht in jenem Jahr zwei Mal Olympia-Silber in Sydney. 1989 holte sie mit der Degen-Nationalmannschaft Bronze an der Weltmeisterschaft, 2000 wurde sie mit dieser Europameisterin. Heute tritt sie noch in der Kategorie Master (Ü40) an, wo sie 2017 Europameisterin wurde.[21] Ihre Tochter Demi Hablützel zählt zur nationalen Spitze bei den Juniorinnen. Das Fechtteam Riehen-Scorpions erhielt den Preis als Förderbeitrag.[22]

Einen weit breiteren Zuspruch als Fechten hat das Tennis in Riehen. Der grösste Club ist der Tennisclub (TC) Riehen auf der Grendelmatte mit rund 700 Mitgliedern. Nebst vielen Breitensportlerinnen und -sportlern hat der Verein auch Wettkampfspielerinnen und -spieler. Der TC Riehen zählt in diesem Jahr sieben Interclub-Mannschaften bei den Erwachsenen, wobei beide Geschlechter in der Nationalliga C vertreten sind, und drei Interclub-Mannschaften im Jugendbereich.[23] Weitere Vereine sind der TC Stettenfeld aus dem gleichnamigen Gebiet, der ebenfalls mit einer Mannschaft Interclub spielt, und der TC Zoll, der derzeit inaktiv ist. Der TC Rosental wurde aufgelöst.

Die Auflistung zeigt: Spitzensport entsteht in Riehen wie anderenorts auch aus der Breite eines Vereins. Die Topathletinnen und -athleten sind nebst ihrem ausserordentlichen Talent auf ein intaktes Umfeld sowie Helferinnen und Helfer und deren grossen persönlichen Einsatz angewiesen. Auf der anderen Seite bringen ihre Erfolge Sportarten und Vereinen Gratiswerbung und helfen mit, neuen Nachwuchs zu begeistern.

1 Rolf Spriessler-Brander: Kampfsportschule mit Erfolg und Initiative, in: Riehener Zeitung, 13.04.2018.
2 Yannik Sprecher: Fliegende Faszination an der Schweizer Meisterschaft im Wenkenpark, in: Basellandschaftliche Zeitung, 10.09.2013, URL: www.bzbasel.ch/sport/basel/fliegende-faszination-an-der-schweizer-meisterschaft-im-wenkenpark-127156791, Zugriff: 02.07.2019.
3 Dominik Junker: Vier Goldmedaillen für den Basler Ruder-Club an den Schweizer Meisterschaften 2018, in: Basellandschaftliche Zeitung, 10.07.2018, URL: www.basellandschaftliche zeitung.ch/beitrag/vereinsmeldung/vier-goldmedaillen-fuer-den-basler-ruder-club-an-den-schweizer-meisterschaften-2018-132794548, Zugriff: 27.06.2019.
4 Der Basler Ruderclub erhält den Sportpreis der Gemeinde Riehen, 06.04.2017, in: Gemeinde Riehen, URL: www.riehen.ch/aktuell/news/der-basler-ruder-club-erhaelt-den-sportpreis-der-gemeinde-riehen, Zugriff: 27.06.2019.
5 Rolf Spriessler-Brander: Ruderfreak und Breitensportler, in: z'Rieche 2007, S. 116–121.
6 Rolf Spriessler-Brander: Ein Radsportverein mit grosser Geschichte, in: z'Rieche 2016, S. 122–127.
7 Rolf Spriessler-Brander: Sport ist gesund – der TV Riehen wird 125, in: z'Rieche 2007, S. 6–17.
8 Peter Degen: Aus der Geschichte des Turnvereins Riehen, in: z'Rieche 1982, S. 98–116.
9 Rolf Spriessler-Brander: Ein Paar auf und neben der Bahn, in: z'Rieche 2014, S. 132–137.
10 Jörg Greb: Zwei Brüder – Zwei Goldmedaillen: Die Wicki-Brüder brillieren an der Hallen-SM, in: Basellandschaftliche Zeitung, 20.02.2019, URL: www.bzbasel.ch/sport/basel/zwei-brueder-zwei-goldmedaillen-die-wicki-brueder-brillieren-an-der-hallen-sm-134109848, Zugriff: 29.06.2019.
11 Rolf Spriessler-Brander: Sport ist gesund – der TV Riehen wird 125, in: z'Rieche 2007, S. 6–17.
12 Thomas Beugger: Biathlon – Schweizermeisterschaften 2019 im Südschwarzwald, 01.04.2019, in: Langlaufgruppe Lausen, URL: www.lglausen.ch/index.php/9-berichte/93-biathlon-schweizermeisterschaften-2019-im-suedschwarzwald, Zugriff: 02.07.2019.
13 Geschichte FC Amicitia, in: FC Amicitia Riehen 1930, URL: www.fcamicitia.ch/verein/geschichte-fc-amicitia/, Zugriff: 30.06.2019.
14 Rolf Spriessler-Brander: FC Amicitia ist Basler Cupsieger, in: z'Rieche 2010, S. 126–131.
15 Geschichte der Schachgesellschaft Riehen, in: SG Riehen, URL: www.sgriehen.ch/verein/geschichte.html, Zugriff: 20.06.2019.
16 Hartmut Metz: Vom Hilton in den Landgasthof – das Schachfestival zieht nach Riehen um, in: Tageswoche, 29.12.2015, URL: tageswoche.ch/sport/vom-hilton-in-den-landgasthof-das-schachfestival-zieht-nach-riehen-um/, Zugriff: 03.07.2019.
17 Rolf Spriessler-Brander: Anerkennung für Aufbauarbeit, in: z'Rieche 2009, S. 108–115.
18 Rolf Spriessler-Brander: Erfrischend frech und jung, in: z'Rieche 2000, S. 154–161.
19 Lea Schwer, in: Wikipedia, URL: de.wikipedia.org/wiki/Lea_Schwer, Zugriff: 03.07.2019.
20 Michael Raith: Von der Turnsektion zum Sportverein, in: 125 Jahre CVJM Riehen. (Überarbeitete und ergänzte Festschrift von 1975 «100 Jahre CVJM Riehen»), Riehen 2000.
21 Gianna Hablützel-Bürki, in: Wikipedia, URL: de.wikipedia.org/wiki/Gianna_Hablützel-Bürki, Zugriff: 03.07.2019.
22 Rolf Spriessler: Olympiaglanz in Riehen, in: z'Rieche 2001, S. 104–109.
23 Spielbetrieb, in: Tennisclub Riehen, URL: www.tcriehen.ch/spielbetrieb, Zugriff: 03.07.2019.

Bewegung und Lebensfreude in Riehen, 2019.

Von der Trainierbarkeit des Körpers im Alter

DANIEL LOUIS MEILI

Vor 25 Jahren sorgten 172 Seniorinnen und Senioren schweizweit für Aufsehen. Sie hatten an einer nationalen Studie zur Trainierbarkeit im Alter teilgenommen und gezeigt, dass auch ein älterer Organismus trainierbar ist. Was aber war damals so besonders, was haben sie genau trainiert? Und wie profitieren die Seniorinnen und Senioren in Riehen heute von den Ergebnissen dieser Studie?

Im Rahmen einer Studie[1] trainierten Männer und Frauen zwischen 65 und 75 während eines halben Jahres zweimal wöchentlich ihre Muskeln so, wie es junge Leistungssportler und -sportlerinnen tun – nicht mit denselben Gewichten und Belastungen, aber nach demselben Prinzip, also immer in einem Bereich zwischen 70 und 90 Prozent ihres maximalen Belastungsvermögens, gefolgt von dazugehörenden Erholungsphasen. Die Ergebnisse waren erstaunlich: Der Zuwachs an Beinkraft betrug bei den Frauen 53 Prozent, bei den Männern 48 Prozent. Die Ermüdungswiderstandsfähigkeit (Ausdauer) nahm um 4 Prozent zu. Interessanterweise wurde dieser Zuwachs in der subjektiven Empfindung der Teilnehmenden weit höher eingeschätzt, weil ihnen tägliche Verrichtungen wie Einkaufen oder Gartenarbeit, die einen hohen Kraftanteil erfordern, nun buchstäblich leichter fielen. Auch die Beweglichkeit erhöhte sich dank physiotherapeutischer Begleitung um 45 Prozent – trotz der enormen gleichzeitigen Kraftzunahme. Die Koordination beim Lösen von kniffligen Bewegungsaufgaben nahm um stattliche 91 Prozent zu, die Gewandtheit bei komplexen Bewegungsfolgen im Raum auf Zeit und damit die aktive Sturzprävention stiegen gar um 136 Prozent.

Zum Studienverlauf: Vor dem Training wurden alle Seniorinnen und Senioren von einem Arzt auf mögliche gesundheitliche Risiken untersucht, eine Physiotherapeutin testete ihre Muskeln, Gelenke sowie den Bewegungsapparat und ein Trainer befragte sie zu ihrer Motivation. Anschliessend wurde der erste Leistungstest durchgeführt. Auf der Grundlage all dieser Werte stellte das Leitungsteam die individuellen Trainingspläne zusammen. Die einzelnen Trainings erfolgten in Kleingruppen und waren immer von einem Physiotherapeuten oder einer Physiotherapeutin begleitet. Das war einerseits ein Luxus, bot aber gleichzeitig die Möglichkeit, das Verhalten der Teilnehmenden zu beobachten und mögliche Probleme rechtzeitig zu erkennen. Das individuelle Leistungstraining wurde protokolliert und nach jeweils drei Wochen ausgewertet

Förderung der Schnellkraft zur Minderung der Sturzrisiken – je höher der Ball schnellt, desto stärker haben die Trainierenden am Tuch gezogen.

30 bis 60 Minuten tägliches Bewegen am altersgerechten Velo- und Handergometer fördert die Durchblutung der grossen Muskelgruppen, die Sauerstoffversorgung im ganzen Körper und aktiviert den Stoffwechsel.

und angepasst. Nach drei Monaten erfolgten wiederum ein Leistungstest und eine ärztliche Untersuchung. Die Physiotherapeutin nahm erneute Tests vor und verglich die Ergebnisse mit den Ausgangswerten. Der Trainer fragte nach dem individuellen Trainingsverlauf und den (teilweise neuen) Aussichten, Zielen und Wünschen. Daraufhin wurden die Trainingspläne entsprechend angepasst und verfeinert. Nach weiteren drei Monaten erfolgte eine Schlussauswertung, wiederum durch Arzt, Physiotherapeutin und Trainer, und ein Schlusstest hielt das neue maximale Leistungsvermögen fest.

FORDERN IST WICHTIGER ALS SCHONEN

Die Zahlen der Studie zeigen eindrücklich, dass auch ein älterer Organismus an seinen Aufgaben wächst und somit trainierbar ist. Die vor Studienbeginn vorherrschende Überzeugung, wonach im Alter primär Schonung wichtig sei für das Wohlbefinden, erwies sich als nicht allgemeingültig. Denn die Begleituntersuchungen zeigten auf, dass mit dem körperlichen Training auch der mentale Bereich und das seelische Gleichgewicht deutlich verbessert werden konnten. Somit erhöhte das relativ strenge Training die Lebensqualität nachweislich.

Die Studie zeigte auch, dass Frauen in der Regel besser trainierbar sind als Männer. Dafür gibt es mannigfaltige Gründe. Die Interviews deckten einen besonderen auf: Die Frauen lernten aufgrund der optimalen Rahmenbedingungen während der Studie, sich etwas näher als üblich an ihre Grenzen heranzutasten. Und sie realisierten, dass sie ihre eigenen Fähigkeiten fördern können, indem sie sich fordern.

Wenn vor einem Vierteljahrhundert im Alter Schonung empfohlen wurde, dann nicht zuletzt deshalb, weil einem das Leben damals deutlich mehr abverlangt hatte, als es heute der Fall ist. Die Automatisation war noch längst nicht so weit fortgeschritten und Entbehrungen waren allgegenwärtig, als die damaligen Alten noch jünger waren. Sie hatten körperlich noch richtiggehend ‹gchrampft›. Das

Auf 30 bis 40 Minuten angeleitetes intensives Beweglichkeits- und Koordinationstraining in der Kleingruppe folgt ein individuelles Krafttraining.

Individuelles, gerätegestütztes Krafttraining erhält die motorischen Fähigkeiten und sorgt für eine bessere Lebensqualität.

hat sich grundlegend geändert. Die meisten Seniorinnen und Senioren von heute waren im arbeitsfähigen Alter körperlich längst nicht mehr so intensiv tätig. Also wird diese ‹Inaktivität› heute auf freiwilliger Basis gerne mit Sport und Bewegung kompensiert.

Dennoch ist ein Training nach leistungssportlichen Kriterien nicht jedermanns Sache. Nur rund ein Drittel der Bevölkerung ist überhaupt regelmässig sportlich aktiv. Deshalb ist es auffallend, wie viele hochstehende sportliche Angebote für die ältere Bevölkerung in Riehen anzutreffen sind. Die Studienresultate haben auch Mut gemacht, nicht einfach aufzuhören mit dem Training ab einem gewissen Alter. Im Gegenteil: Nach der Pensionierung hat man mehr Zeit denn je, sich körperlich aktiv etwas Gutes zu tun.

SENIORENSPORT-ANGEBOTE IN RIEHEN

Für alle ‹jungen› Alten gibt es in Riehen drei Segmente, in denen Sport im weitesten Sinn angeboten wird. Das erste umfasst niederschwellige und kostenlose oder günstige Sportangebote für Männer und Frauen, die ohne weitere Verpflichtung besucht werden können. Dazu gehören die Angebote des Vereins ‹Gsünder Basel›: Thai Chi oder Pilates in der Wettsteinanlage oder Aqua-Gymnastik im Naturbad, an der wöchentlich bis zu 80 Personen teilnehmen, sowie themenfokussierte Bewegungswochen in Kooperation mit Sportvereinen und Sportstudios. Ausserdem gibt es die Angebote des ‹Café Bâlance› im Freizeitzentrum Landauer sowie im Schlipf, das Seniorenturnen im Andreashaus und dasjenige im Haus der Vereine, die Seniorentanz-Veranstaltungen im Landgasthof und die vielfältigen, von der Pro Senectute organisierten Krafttrainings- und Fitness-Angebote. An all diesen Programmen beteiligt sich die Gemeinde Riehen in irgendeiner Weise, sei es durch Leistungsvereinbarungen mit den Anbietern, durch Mietzinsbeihilfen oder weitere Leistungen, und macht dadurch solche kostenlosen oder sehr günstigen Angebote überhaupt erst möglich.

Das zweite Segment umfasst den klassischen Vereinssport, der vielen Seniorinnen und Senioren auch im Rentenalter eine (sportliche) Heimat bietet. Allerdings ist eine Vereinsmitgliedschaft nötig und der Grad der Verpflichtung ist etwas höher. Gleichzeitig profitieren die Vereine vom langjährigen Know-how ihrer älteren Mitglieder für sportliche Anlässe, Meisterschaften sowie Feste. Der rege Austausch zwischen Alt und Jung ist ein weiterer Bestandteil des Vereinslebens, der anspornt und guttut. Die 35 Vereine und Sektionen Riehens mit einem beachtlichen Seniorenanteil betreiben jene Sportarten und Disziplinen, die auch die Jugendlichen und Aktiven betreiben, und zwar auf einem dem Alter angepassten Wettkampfniveau. In der Leichtathletik gibt es beispielsweise Europa- und Weltmeisterschaften für bis zu 90-Jährige; so sehen sich Sportlerinnen und Sportler über Jahrzehnte auf allen Kontinenten wieder und können ihre Bekanntschaften weiterpflegen. Es gibt aber auch erfolgreiche Bestrebungen, im Alter vom eigenen Wettkampfsport wegzukommen und sich polysportiver zu betätigen. Und schliesslich soll im Verein auch das Gesellige nicht zu kurz kommen!

Das dritte Segment rundet mit privaten, kommerziellen Angeboten die Sportprogramme in Riehen ab. Seit vielen Jahren bekannt ist die Sportarena, die seit Neuestem im Dorfzentrum zu Hause ist, und die Migros hat dieses Jahr im Niederholz einen Fitnessbetrieb eröffnet. Das Geschäftsmodell beider Anbieterinnen orientiert sich an den Trainingsmethoden der eingangs erwähnten Studie. Bei der Sportarena kommt hinzu, dass das Gründerpaar selbst viel Erfahrung im Leistungssport hat und diesen Geist im positiven Sinn an die Kundschaft weitergibt – und weil die ehemalige Volleyball-Nationalspielerin Caroline Gugler und der ehemalige Spitzen-Zehnkämpfer Christian Gugler selbst auch nicht mehr die Jüngsten sind, wissen sie, was Seniorinnen und Senioren können und brauchen.

Das Thema Sport ist auch im Hochalter ab 80 Jahren und gerade in den Alters- und Pflegeheimen (AHP) nicht abwegig. Im Gegenteil: Alle AHP in Riehen – das Humanitas, das Wendelin, das Dominikushaus sowie das Adullam Pflegezentrum – verfügen über eigene sport- und bewegungsorientierte Programme für die Bewohnerinnen und Bewohner, teilweise sogar für Externe, zum Beispiel für Tagesaufenthalter. Und alle AHP haben ausgebildetes Personal für diese Trainingsprogramme. So verwundert es nicht, dass sich die Sprache der Aktivierungstherapeuten und -therapeutinnen an das Vokabular des Leistungssports anlehnt: Auch beim Turnen im Sitzen wird von ‹Schnellkraftübungen› gesprochen, die den 90- bis 100-jährigen Teilnehmenden helfen sollen, so lange es geht grösstmögliche Selbstständigkeit zu erhalten. Deshalb sind auf den Fluren oder in Gruppenräumen der AHP auch altersgerechte Ergometer aufgestellt, mit denen die Bewohnerinnen und Bewohner jederzeit, allein oder in Kleingruppen, selbstständig den Kreislauf anregen und in Schwung halten können und somit ihre Ausdauer trainieren. Sport und die Schulung der Beweglichkeit gehört in den AHP schon fast zum Alltag, mit und ohne Physiotherapie.

FIT BIS INS HOHE ALTER DURCH REGELMÄSSIGE BEWEGUNG

Alle diese Angebote und Einrichtungen für Seniorinnen und Senioren bis ins Hochalter zeigen, dass Riehen ein erfreulich breites, qualitativ hochstehendes ‹sportliches› Niveau aufweist mit einer Vielfalt von Angeboten. Gerade in den Sommermonaten scheinen in Riehen überdurchschnittlich viele sportlich aktive Alte unterwegs zu sein. Wer sich mit einem Paar Turnschuhen ausrüstet, kann natürlich auch problemlos ‹unorganisiert› Sport treiben – alleine, mit dem Hund oder mit Freunden und Freundinnen. Das ‹Dorf› mit seinen Parkanlagen und der unmittel-

«Aktiv! im Sommer» auf der Wettsteinanlage, 2019.

baren Umgebung lädt geradezu ein für Spaziergänge oder kurze Wanderungen. Der hügelige Wald-Parcours mit der Finnenbahn am Ausserberg oder der flache Vita-Parcours in den Langen Erlen sind ideal, wenn es ein wenig intensiver sein darf. Dann gibt es auch diverse Bike-Routen und die Grendelmatte mit dem neuen Streetwork-Openair-Krafttrainingspark für alle, ob jung oder alt.

Riehen ist also bestens aufgestellt, dass niemand dafür beten muss, mit einem gesunden Geist in einem gesunden Körper zu leben, wie es die römische Redewendung vorschlägt: «orandum est ut sit mens sana in corpore sano». In Riehen lässt sich nämlich bis ins hohe Alter leicht etwas dafür tun.

[1] Der Autor ist Trainer Swiss-Olympic und war Leiter der eingangs erwähnten nationalen Studie mit dem Titel ‹Seniorentraining›, die 1994 mit dem Wissenschaftlichen Preis der Schweizerischen Gesellschaft für Sportmedizin ausgezeichnet wurde.

Einen Satz machen

URSULA SPRECHER (BILDER) UND SABINE KRONENBERG (TEXT)

Als ‹Homo sapiens› meistern wir im Alter von rund einem Jahr nach unserer Geburt den aufrechten Gang und sprechen etwa gleichzeitig unsere ersten Worte. Seit diesen ersten Schritten lernen wir als ‹Zoon poilitikon› dank unseres grossen, dafür ausgestatteten Gehirns, unsere Bedürfnisse und Gefühle, unsere Wahrnehmungen und Gedanken mitzuteilen. Als Zweibeiner haben wir zwar nur zwei Gangarten, das Gehen und das Laufen. Darüber hinaus entwickeln wir jedoch eine Vielfalt weiterer Bewegungsabläufe, mit denen wir unser In-der-Welt-Sein erfahren und gestalten.

Viele Bewegungsabläufe haben Bezeichnungen. Nehmen wir als Beispiel springen, hüpfen, hopsen. Für die zahlreichen Variationen dieses Bewegungsablaufs gibt es ebenfalls Wörter: Hochsprung, Sackhüpfen, Herumhopsen. Er taucht als bildhafte Vorstellung auch in Redewendungen auf: «Auf dem Sprung sein» heisst, wir gehen gleich weg, «etwas überspringen» meint, wir lassen etwas aus, und «einen Luftsprung machen» bedeutet, dass wir uns freuen – auch wenn wir gar nicht wirklich springen. So umschreibt die Sprache komplexe Situationen oder emotionale Zustände in aller Kürze. Soll sie hingegen einen simplen Bewegungsablauf wie den Sprung genau beschreiben, kann sie ihm vor Komplexität kaum folgen.

BEIDBEINIGER SPRUNG AUS DEM STAND MIT ANSCHLIESSENDER BEIDBEINIGER LANDUNG IM STAND
Der Bewegungsablauf lässt sich in drei Phasen gliedern: Absprung, Flug und Landung.[1] Um uns beim Absprung aus dem Stand nach oben abdrücken zu können, müssen wir zunächst in die Hocke gehen. Die Füsse bleiben in Ruhe. Unser Kopf wird nach unten beschleunigt, was zu einer Geschwindigkeitszunahme in dieser Richtung führt. Diese Abwärtsbewegung wird mittels einer Beschleunigung nach oben abgebremst. Nach der Änderung der Geschwindigkeitsrichtung wird diese Beschleunigungsrichtung beibehalten. Jetzt werden auch die Füsse nach oben beschleunigt und heben vom Boden ab.
Weil wir uns in der Luft befinden, wird unser Körper aufgrund der Gravitation nach unten beschleunigt. Haben wir den höchsten Punkt der Flugkurve überschritten, fallen wir wieder nach unten. Wegen der Erdbeschleunigung nimmt die Geschwindigkeit zu.
Die Füsse kommen auf dem Boden auf, werden sehr abrupt abgebremst und sind dann in Ruhe. Auch unser Kopf wird abgebremst, jedoch wesentlich sanfter. Die abwärts gerichtete Geschwindigkeit des Kopfes führt dazu, dass wir die Hüft-, Knie- und Sprunggelenke beugen und in die Hocke gehen. Unser Kopf ist annähernd in Ruhe, wenn der unterste Umkehrpunkt der Bewegung erreicht ist. Dann richten wir uns wieder zum aufrechten Stand auf, weshalb der Kopf nach oben beschleunigt wird, allerdings abgebremst, bis die Ruheposition erreicht ist.

[1] Frei nach Martin Weidt: Gehen, Laufen, Springen und weitere Fortbewegungsarten des Menschen im Physikunterricht. Universität Würzburg 2011, S. 124f.

Trend Trampolin – kleine Sportanlage im eigenen Garten.

Sporttrends – Chancen und Herausforderungen
CHRISTIAN LUPP

Sport hält nicht nur jung und fit, Sport kann auch jung sein – dann spricht man von einem Trendsport. Solche Sportarten werden sogar in Riehen ausgeübt, dem Ort, der vor wenigen Jahren schweizweit mit der Meldung für Aufsehen sorgte, dass hier – mit einem Bevölkerungsanteil der Rentnerinnen und Rentner von rund 26 Prozent – die älteste Bevölkerung der Schweiz lebe.

Der Altersdurchschnitt der Riehener Bevölkerung ist selbst für schweizerische Verhältnisse sehr hoch. Eine solche Alterspyramide bringt man nicht unbedingt mit Trendsportarten und vielen jugendlichen Sporttreibenden in Verbindung. Aber der Schein trügt: Ein Blick auf die aktuellen Mitgliederzahlen der Riehener Sportvereine zeigt, dass Kinder und Jugendliche in vielen Vereinen eine bedeutende Rolle spielen. Insgesamt liegt ihr Anteil bei fast 40 Prozent, in einigen Vereinen sogar deutlich über 50 Prozent, und damit klar über dem Bevölkerungsanteil dieser Altersgruppe von rund 20 Prozent. Tatsächlich sind sieben von zehn Riehener Jugendlichen in einem Sportverein aktiv, was im kantonalen Vergleich ein Spitzenwert ist.[1] Die Gemeinde Riehen versucht, den organisierten Kinder- und Jugendsport als sinnvolle Freizeitbeschäftigung seit Jahren zu unterstützen, indem sie in ihrer Fördertätigkeit genau dort einen Schwerpunkt setzt. Das ist auch in den «Richtlinien für die Vergabe von Beiträgen im Bereich Sport der Gemeinde Riehen» explizit festgehalten. Dass der Anteil der Juniorinnen und Junioren über alle Sportarten – trotz wachsendem Freizeitangebot – seit Jahren prozentual und auch in absoluten Zahlen stabil bleibt, ist deshalb sehr erfreulich. Über die Jahre sind allerdings Verschiebungen zu beobachten: So wuchs zum Beispiel in den letzten zehn Jahren das Kampfsportangebot in Riehen deutlich und stösst heute auf grosses Interesse bei Jugendlichen.

TRENDSPORT AUSSERHALB UND INNERHALB DER TRADITIONELLEN SPORT(INFRA)STRUKTUREN
Oft ist der Sportverein auch Türöffner für weitere sportliche Aktivitäten der Jugendlichen. Nach einigen Jahren im Fussball- oder Turnverein schnuppern viele auch in anderen Sportarten. Oder sie beginnen sich für Sportarten ausserhalb der Vereinsstrukturen zu interessieren. Dort gibt es auch spannende Disziplinen zu entdecken, die häufig weniger von langjährigen (Vereins-)Traditionen geprägt sind.

Zwischennutzungen bieten Platz für Sport: der Pumptrack auf dem ehemaligen Rüchligareal.

In diesem Zusammenhang spricht man oft von Trendsportarten, wobei die eine oder andere ehemalige Trendsportart später eine Entwicklung zuerst zur Rand- und dann zur Breitensportart durchmacht. Ein klassisches Beispiel hierfür ist Unihockey, das als ehemaliger Trendsport heute ein fester Bestandteil des Riehener Vereinssportangebots ist. Andere Trends wie das Mountainbike-Fahren entwickeln sich in zwei Richtungen: in eine freie Szene und in neue Sektionen bestehender Vereine. Der MTB-Trend ist ein gutes Beispiel dafür, wie die öffentliche Hand von solchen Entwicklungen gefordert wird. Je mehr Anhängerinnen und Anhänger eine neue Sportart findet, desto lauter wird der Ruf nach eigenen Anlagen – beziehungsweise der Nutzungsdruck auf bestehende Anlagen oder in diesem Fall den Wald verstärkt sich. Mit der Ausschilderung der Mountainbike-Route und dem Bau von Single-Trail-Abschnitten im Riehener und Bettinger Wald wurde eine Lösung gefunden, einer jungen Sportart Platz einzuräumen und sie gleichzeitig zu ‹kanalisieren›.

Andere Trendsportarten wie Inlineskaten oder Parkour – das möglichst effiziente und elegante Überwinden von Hindernissen wie Treppen, Mauern und anderem mit den Fähigkeiten des eigenen Körpers – lassen sich noch einfacher ermöglichen. Sie kommen vielfach mit dem aus, was ihnen der öffentliche Raum bietet. Auch in Riehen gibt es einige junge Parkour-Interessierte, für die die Mobile Jugendarbeit auch schon Workshops organisiert hat. Eine organisierte Riehener Interessengruppe oder einen Verein gibt es für diese junge Sportart aber (noch) nicht.

NEUE WÜNSCHE BRAUCHEN PLATZ

Schwieriger präsentiert sich die Situation für die Skater-Gemeinschaft. Nach langen Abklärungen, Befragungen und Vermittlungsgesprächen wurden den jungen Nutzerinnen und Nutzern 2006 die Skate-Elemente bei der Wettsteinanlage mit Stolz übergeben. Seither sind sie, ergänzt um die Halfpipe im Freizeitzentrum Landauer, die bescheidene Riehener Antwort auf den internationa-

Seit Jahren beliebt: Mountainbike-Route im Wald.

len Skate- und Scooter-Trend geblieben. Auch wenn das Nebeneinander von jungen (und manchmal auch älteren) Skatern, Fussgängerinnen und Velofahrenden nicht nur einfach ist, funktioniert die kleine Skateanlage seither ohne Probleme und wird bis heute rege genutzt.

Nachdem das in den Langen Erlen gelegene ‹Pumpwerk›, das gerade auch bei Riehener Skaterinnen, Scooter- und BMX-Fahrern beliebt war, Ende 2015 schliessen musste, wurde der Ruf nach einer richtigen Skateanlage in Riehen aber lauter. Schliesslich verfügen viele deutlich kleinere Gemeinden in der Region über solche Skateparks. Da das Thema auch auf ein gewisses politisches Verständnis und Interesse stösst, fand es Eingang in das Sportanlagenkonzept und das Jugendleitbild der Gemeinde. Die Suche nach einem geeigneten, bewilligungsfähigen Standort erweist sich seither aber als sehr schwierig. Aufgrund von Riehens Siedlungsstruktur gibt es kaum eine Fläche, die wegen der Lärmemissionen genügend weit von den nächsten Häusern entfernt ist und gleichzeitig bebaut werden dürfte. Abklärungen für das Areal Hinter Gärten, eine Fläche am Rand der Sportanlage Grendelmatte und weitere potenzielle Standorte führten entweder zu negativen Resultaten oder frühem Widerstand aus der Nachbarschaft. Die Suche geht weiter, der Fokus liegt nun auf einer Kooperation mit der Stadt Basel. Letztlich zeigt sich an diesem Anliegen, dass jungem Sport ausserhalb der klassischen Vereinsstrukturen und Sportanlagen zwar ein gewisses Verständnis entgegengebracht wird, der Weg zur Etablierung aber auch recht schwierig sein kann.

GUTE UMSETZUNGSBEISPIELE FÜR TRENDSPORT-ANLAGEN

Dass neue Sporttrends manchmal auch einfacher aufgenommen und umgesetzt werden können, zeigt die Realisation der Calisthenics- oder Street-Workout-Anlage auf der Sportanlage Grendelmatte im Sommer 2019. Auf diesen vor allem bei einem jüngeren Publikum beliebten, frei zugänglichen Outdoor-Anlagen wird in erster Linie mit

Trendsport Skaten – eine jahrelange Suche nach geeigneten Standorten in Riehen.

dem eigenen Körpergewicht trainiert. Indem klassische, auf den Vereins- und Schulsport ausgerichtete Sportanlagen wie die Grendelmatte auch solchen Entwicklungen Platz bieten, können sie neue Sporttrends unterstützen. Gerade in skandinavischen Ländern, vorab in Dänemark, gibt es ausgezeichnete Vorbilder, wie sich junger Sport in Sport- und Schulanlagen und generell im öffentlichen Raum integrieren lässt. Letztlich steht hinter diesen Beispielen die Überzeugung, dass in Gemeinden möglichst viele Flächen für Sport und Bewegung zur Verfügung gestellt werden sollen, auch im Zentrum. Die Durchführung der Disc-Golf-Schweizermeisterschaften[2] im und um den Wenkenpark 2013, für die vorübergehend die nötige Infrastruktur aufgebaut wurde, war ein Beispiel dafür, wie sich sogar ein landschaftsarchitektonisches Ausflugsziel mit Trendsport verbinden lässt. Und die zeitlich begrenzte Realisation eines ‹Pumptracks› auf dem Rüchligareal, einer aus Lehm gebauten Buckelpiste zum ‹Radfahren› mittels pumpender Bewegungen mit dem ganzen Körper, zeigte vor wenigen Jahren auf, dass Zwischennutzungsareale auch für Sporttrends ein grosses Potenzial darstellen. Die beliebte Öffnung der Sporthallen des Niederholz- und des Wasserstelzenschulhauses ausserhalb des Schul- und Vereinssportbetriebs sind Beispiele dafür, wie neue Angebote bestehende Infrastrukturen nutzen können und so junger Sport ohne grosse Kosten ermöglicht werden kann. Seit einigen Jahren treffen sich Jugendliche in der kälteren Jahreszeit an Samstagabenden zum Sporttreiben und Chillen in der Sporthalle Niederholz und für Primarschulkinder lädt ein polysportives Programm an Sonntagnachmittagen zum Bewegen ein.

Dass es manchmal noch viel weniger braucht, zeigt der Trend der Gartentrampoline. Auf privater Basis sind in den letzten Jahren in unzähligen Riehener Gärten quasi kleine Sportanlagen aufgestellt worden, in denen gehüpft wird

Die neue Streetworkout-Anlage auf dem Sportplatz Grendelmatte, Juni 2019.

und Vorwärts- und Rückwärtssaltos geschlagen werden, was das Zeug hält. Auch wenn mittlerweile erste grössere Freizeitanlagen mit Trampolinen entstehen, zum Beispiel in Münchenstein, finden die meisten Sprünge noch immer im Garten statt.

Der nächste Trend steht sicher bereits vor der Tür. Dabei weiss man nie, ob er kurzfristig sein wird – was auch seine Berechtigung hat, werden doch immerhin für ein paar Jahre viele zu Bewegung und Aktivität motiviert – oder ob sich der Trend als festes Angebot etablieren kann. Für die Gemeinde stellt sich immer die Frage, ob und ab wann sie Trends unterstützen soll und wo sie dafür Platz zur Verfügung stellen kann. An diese Fragen geht die Gemeinde Riehen mit der Grundhaltung heran, dass es sich lohnt, Entwicklungen zu ermöglichen.

1 Vgl. Jugendbefragung Basel-Stadt 2017.
2 Beim Disc Golf werden Frisbees mit möglichst wenigen Würfen in Körbe geworfen.

Turnfest des
Schweizerischen
Katholischen
Turnverbandes
22./23. Juli 1933
in Zug.

Von der Glaubensgemeinschaft zum Sportverein
ROLF SPRIESSLER

Der KTV Riehen wurde 1919 aus der katholischen Pfarrei Riehen heraus als Jünglingsverein ‹Audacia› gegründet und war zunächst ein stark religiös geprägter Verein, bevor er sich zu einem Sportverein mit Schwerpunkt Volleyball entwickelte. Dieses Jahr feierte der KTV Riehen sein 100-Jahr-Jubiläum.

Die Entstehung des Katholischen Turnvereins (KTV) Riehen ist eng verbunden mit der Geschichte der katholischen Kirche in Riehen. Am 19. Februar 1899 wurde zum ersten Mal seit der Reformation 1529 auf Riehener Boden wieder eine Messe gefeiert, und zwar in der Friedhofkapelle an der Mohrhaldenstrasse, wo kurz zuvor die Gemeinde Riehen ihren alten Gottesacker aufgegeben hatte. Erster vollamtlicher Seelsorger in Riehen wurde 1911 der vormalige Pfarrer und Dekan von Laufen, Joseph Wenzler, der umgehend am Chrischonaweg den Bau eines Pfarrhauses und der Herz-Jesu-Kapelle veranlasste. Joseph Wenzler wurde dann anlässlich der Einweihung der Herz-Jesu-Kapelle durch Bischof Jakob Stammler zum ersten katholischen Pfarrer von Riehen ernannt.

Ein starkes Interesse von Pfarrer Joseph Wenzler galt der Jugend, sodass neben einem Männerverein auch bald ein Jünglingsverein und eine Töchterkongregation entstanden. Es war damals üblich, nicht für jeden Spezialzweck eigene Vereine zu gründen, und so wurden verschiedene Sektionen gegründet, die sozusagen der Kirchgemeinde angegliedert waren. Aus dem Jünglingsverein heraus bildete sich im Jahr 1919 eine turnerische Sektion mit dem Namen ‹Audacia›, was auf Lateinisch ‹Kühnheit› bedeutet, die mit ihren Läufern in Staffelwettbewerben bald für Furore sorgte und wohlwollend gefördert wurde – nicht nur von Pfarrer Wenzler, sondern auch vom damaligen Präfekten des Jünglingsvereins, Robert Greter. Erster Präsident der Turnsektion, die lange nur Knaben und Männern offenstand, war Jérôme Liechty, als Oberturner für den Trainingsbetrieb verantwortlich war zu Beginn Hans Cantalupi. Aus dieser Sektion heraus entwickelte sich in den frühen 1930er-Jahren ein selbstständiger Turnverein unter dem Namen ‹K.T.V. Riehen›. Als Gründungsjahr des KTV Riehen gilt bis heute das Entstehungsjahr der Sektion ‹Audacia›, also 1919. Folgerichtig feierte der KTV Riehen 2019 sein 100-Jahr-Jubiläum.

Fahnenentwurf von O. Würtenberger, 1924.

Handgemalter Logo-Entwurf für den KTV Riehen.

GEIST UND KÖRPER ALS EINHEIT

Heute ist der KTV Riehen ein konfessionell offener Verein für Männer und Frauen und pflegt insbesondere das Volleyballspiel. Die Frauen gehören als Erstliga-Spitzenteam zu den Topteams der Region und der Verein verfügt über eine breite Juniorinnenbewegung. Die Männer spielen in der 2. Liga. Der lange sehr rege und auch zuweilen sportlich erfolgreich gepflegte Handball wurde 2006 aufgegeben, als man nach Jahren der Unstimmigkeiten den Ausschluss der Handballabteilung beschloss, die sich umgehend unter dem Namen ‹Handball Riehen› als eigener Verein konstituierte.

Bevor der KTV Riehen ein ganz ‹normaler› Sportverein wurde, war der Verein vor allem dem christlichen Glauben verpflichtet gewesen. Der KTV wurde als Teil der Pfarrei verstanden und er engagierte sich bewusst im Schweizerischen Katholischen Turn- und Sportverband (SKTSV). So betrieb man bei der ‹Audacia› beziehungsweise im KTV in den ersten Jahrzehnten der Vereinsgeschichte Sport, um neben der Seele auch den Körper zu bilden und zu pflegen. Zwar stand beim damaligen KTV im Training durchaus der Einsatz und die Leistungssteigerung jedes Einzelnen im Vordergrund, Spitzenleistungen im Sinne eines Profisports aber lehnte man dezidiert ab.

Interessantes zeigt ein Blick in die frühen Vereinshefte des KTV Riehen. Diese wurden im Jahr 1948 mit dem Ziel ins Leben gerufen, mehr Mitglieder für den Verein zu interessieren. Schon damals machte man sich Sorgen um die Zukunft der Jugend und der Vereine allgemein. «Der Mensch besteht aus Leib und Seele. Da ist es wohl richtig, dass Körperkultur und Seelenkultur gleichzeitig und in Verbindung miteinander gepflegt werden. Der Sport für den Leib, die Religion für die Seele, beides zusammen für den ganzen Menschen», brachte es der damalige Vereins-Präses im allerersten Artikel des ersten Vereinshefts 1948 auf den Punkt. Nicht die Leistung an sich solle im Mittelpunkt stehen, sondern die Gemeinschaft. Und Mitglieder, die in einer Sparte besonders gut waren, sollten sich im

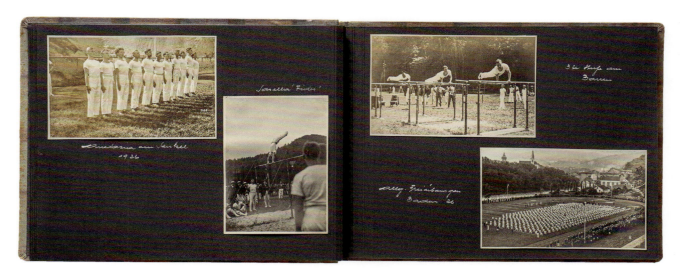

**Aus einem Fotoalbum des KTV Riehen
mit Bildern aus den 1920er-Jahren.**

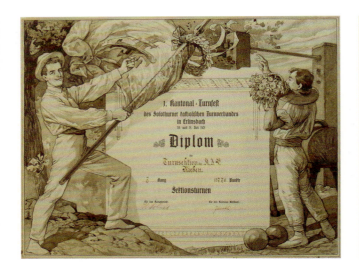 

Historische Diplome aus dem Vereinsarchiv des KTV Riehen.

Interesse des Gesamtvereins auch in anderen Disziplinen versuchen. Die Teilnahme an kantonalen, regionalen und nationalen Turnfesten innerhalb des SKTSV gehörte fest zum Jahresprogramm.

Als Sportarten standen damals beim KTV Riehen die Leichtathletik, das Sektionsturnen – Geräteturnen und Gymnastik in grösseren Gruppen – und der Handball im Vordergrund. Im Handball konkurrierten der traditionelle Feldhandball und der langsam aufkommende, auf viel kleinerer Fläche gespielte Hallenhandball.

Man wurde sich nach dem Zweiten Weltkrieg bewusst, dass das Fehlen einer Jugendriege die Zukunft des Vereins gefährdet. Der Verein versuchte, den Zusammenhalt der Mitglieder mit gemeinsamen Unternehmungen zu stärken. Das Vereinsleben ausserhalb des Sports bot deshalb wieder Vereinsausflüge, Besuche an auswärtigen Turnfesten, Unterhaltungs- und Fasnachtsabende. Auch die religiöse Bildung der Vereinsmitglieder spielte noch eine grosse Rolle, was die Lancierung einer Vortragsreihe über religiöse Themen dokumentiert. Der Startschuss zu diesen Anlässen der geistlichen Weiterbildung erfolgte am 24. April 1950 mit einem Referat des Vereins-Präses Vikar A. Ruggli zum Thema «Religion und Konfession» im Restaurant Lindenhof. Neben dem eigentlichen Präsidenten stand dem Verein als Präses jeweils auch ein Pfarrer oder Vikar als geistliches Vorbild vor.

Obwohl der KTV Riehen mit der Grendelmatte über eine gute Heimanlage in Riehen verfügte, unterstützte er die aufwändige Instandstellung des damals völlig heruntergekommenen Sportplatzes Hörnli finanziell und mit Tatkraft als Gemeinschaftsprojekt des SKTSV-Kantonalverbands. Die Eröffnung der neuen Hörnli-Sportanlage erfolgte im Jahr 1951.

In den 1950er-Jahren wurde auch die sportliche Ausrichtung des Vereins diskutiert. Die Jugend stellte die in den Turnvereinen damals üblichen Sektionsfreiübungen in Frage. Die älteren Mitglieder wollten diese beibehalten und sahen sie als wichtige Schule der Disziplin und Kameradschaft.

Ausstellung der Trophäen und Dokumente am Jubiläumsanlass «100 Jahre KTV Riehen» am 6. April 2019 in der Reithalle Wenkenhof.

TOKYO 1964 ALS INSPIRATION

Die Olympischen Spiele 1964 in Tokyo erwiesen sich als entscheidend für die weitere Entwicklung des KTV Riehen. Die damaligen Mitglieder liessen sich faszinieren von der neuen Olympiasportart Volleyball, die sowohl bei den Männern als auch bei den Frauen Premiere feierte. Also begann man beim KTV umgehend mit dem Aufbau einer eigenen Volleyballabteilung. In diesem Zusammenhang wurden erstmals auch Frauen als Vereinsmitglieder zugelassen. Es erfolgte auch sonst eine sportliche Neuausrichtung beim KTV. Die Leichtathletik, die man vor allem im Rahmen von Sektionswettkämpfen innerhalb der Turnfeste gepflegt hatte, verschwand aus dem Repertoire des Vereins, während sich der TV Riehen zum eigentlichen Leichtathletikverein der Gemeinde zu entwickeln begann. Mit der zunehmenden Spezialisierung auf den Volleyballsport trat der KTV Riehen dem Schweizerischen Volleyballverband bei und verliess den SKTSV. Die Religion hatte stark an Bedeutung verloren und der KTV Riehen war inzwischen zu einem religiös völlig offenen Verein geworden.

Die Frauen waren es dann, die dem KTV Riehen den bisher grössten sportlichen Aufschwung seiner Vereinsgeschichte bescherten. Kurz nachdem Walter Werz 1995 von Ruedi Buholzer das Vereinspräsidium übernommen hatte, wurde er von Rolf Schwer darauf aufmerksam gemacht, dass sich ein sehr talentiertes junges Frauenvolleyballteam zu formen begann, mit dem viel möglich sein werde. Der Verein engagierte 1997 mit der ehemaligen Spitzenspielerin Ksenja Zec eine hochqualifizierte Trainerin. Das Frauenvolleyballteam schaffte schon in der Saison 1997/98 den Aufstieg in die 1. Liga, marschierte direkt durch in die Nationalliga B und erreichte dort 1999/2000 auf Anhieb Platz 2. Für den Aufstieg in die Nationalliga B war das Team mit dem Sportpreis der Gemeinde Riehen für das Jahr 1999 ausgezeichnet worden.

Der KTV Riehen im September 2001 vor der ersten Nationalliga-A-Saison; stehend von links: Chuanlun Liu (Trainer), Lea Schwer, Andrea Luge, Lene Gertsen, Naëmi Rubeli, Yunshu He, Li Zhiwei (Co-Trainer), Erman Küçük (Chiropraktor); sitzend: Rolf Schwer (Manager), Nadège Kehrli, Rahel Schwer, Diana Engetschwiler, Sabrina Metzger, Ramona Dalhäuser.

Gemeinsames Spielen am Jubiläumsanlass in der Reithalle Wenkenhof.

Nun hatte der Verein Lunte gerochen: Er holte den erfahrenen Chinesen Chuanlun Liu als Trainer, verstärkte das Kader mit der Chinesin Yunshu He und der US-Amerikanerin Gracie Santana und schaffte in der Saison 2000/01 tatsächlich den Aufstieg in die Nationalliga A. Der KTV qualifizierte sich in jener Saison als B-Ligist mit einem 3:0-Heimerfolg über den A-Ligisten KSV Wattwil auch für die Schweizercup-Viertelfinals, wo es gegen den A-Ligisten VBC Cheseaux in einem Spiel auf Augenhöhe eine knappe 1:3-Niederlage gab. Ausserdem organisierte der KTV Riehen im Dezember 2000 in der Sporthalle Niederholz ein internationales Turnier mit sechs Teams, das der VBC Glaronia mit einem Finalsieg über das französische Spitzenteam ASPTT Mulhouse für sich entschied, während der KTV Riehen im Spiel um Platz 3 Voléro Zürich zu schlagen vermochte.

PLAYOFF-HALBFINALS IN DER NATIONALLIGA A

Mit den Schwestern Lea und Rahel Schwer sowie Diana Engetschwiler standen in der Nationalliga A immer noch drei Spielerinnen im Kader, die schon ihre ganze Jugendzeit beim KTV Riehen verbracht hatten. In der ersten Nationalliga-A-Saison schafften es die Riehenerinnen auf Anhieb in die Playoff-Halbfinals und belegten am Ende den 4. Platz, womit sich das Team für den Europacup qualifizierte. Riehen lag im Volleyballfieber. Hunderte von Zuschauerinnen und Zuschauern strömten jeweils zu den KTV-Heimspielen in der Sporthalle Niederholz. Auch in der Folgesaison gelang nochmals die Playoff-Halbfinal-Qualifikation, und abermals beendeten die Riehenerinnen die Nationalliga-A-Meisterschaft auf Platz 4.

Dann folgte die Ernüchterung: Weil der damalige Hauptsponsor relativ kurzfristig ausstieg und dadurch auch das Kader auseinanderzufallen drohte, musste der Team-Manager Rolf Schwer das Team nach zwei

Gruppenbild der KTV-Mitglieder vor der Reithalle Wenkenhof, 2019.

erfolgreichen Saisons in der höchsten nationalen Spielklasse schweren Herzens zurückziehen. Den frei gewordenen Platz in der Nationalliga A übernahm der RTV Basel. Mit einem frisch aufgebauten Team gelang den KTV-Frauen 2012 nochmals der Aufstieg in die Nationalliga B, gegenwärtig spielen sie als Spitzenteam in der 1. Liga.

Heute ist der KTV Riehen im Prinzip ein Volleyball-Verein, der über ein intaktes soziales Vereinsleben verfügt, was sich nicht zuletzt an der Jubiläumsfeier vom 6. April in der Reithalle Wenkenhof eindrücklich zeigte, und führt eine rund zehnköpfige Gymnastikgruppe mit ‹älteren Semestern›. Präsidentin ist seit 2015 Flavia Müller, die das Amt von Stefan Keller (Präsident 2005–2015) übernommen hat. Der KTV Riehen zählt aktuell rund 130 Mitglieder.

QUELLEN
50 Jahre Katholischer Turnverein Riehen 1919–1969,
Festschrift zum Vereinsjubiläum, [Riehen 1969].
Rolf Spriessler: Vom Jünglingsverein «Audacia» zum
KTV Riehen, in: Riehener Zeitung, 12.04.2019.
Vereinshefte des KTV Riehen, 1948–2008, in:
Haus der Vereine Riehen, Vereinsarchiv des KTV Riehen.

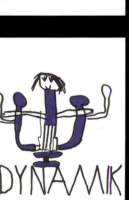

Unterricht Deutsch als Zweitsprache, 1. und 2. Klasse: Julieta Fraga, Jacob Kobberøe El Galaley, So Murakami, Oliver Paisley.

Sport bewegt

Sport und Bewegung – das kann man auch in einer fast atemlosen Sprache oder mit dynamischen Figuren, wilden Buntstiftstrichen und knalligen Farben darstellen, wie es einige Arbeiten im Rahmen des diesjährigen Schreib- und Zeichenwettbewerbs zeigen. Kinder der dritten bis sechsten Primarschulklassen waren gebeten, eine Geschichte zum Thema «Sport bewegt» zu schreiben. Erst- und Zweitklässler schufen Zeichnungen unter dem Titel «Mein Sport». Auf den folgenden Seiten finden Sie ausgewählte Texte und Bilder.

DAS SCHÖNSTE GEFÜHL

Ich konnte es kaum erwarten. Wir waren erst seit einem Tag auf der kleinen Nordseeinsel Langeoog und heute hatte ich meine erste Reitstunde. Also nicht meine allererste Reitstunde. Es war meine erste Reitstunde in diesem Jahr. Zu Hause konnte ich nicht reiten, da es keine Reitställe in der Nähe gab. Deshalb gingen wir nach Langeoog. Die Reitlehrer auf dem Tom Peer-Stall waren sehr freundlich und die Pferde abwechslungsreich: Einige waren fleissig, andere weniger, aber ich schloss alle gleich ins Herz.

Endlich war es so weit! Ich bekam das grosse, fleissige Pony Anou zugeteilt. Die ersten zwei Reitstunden war ich alleine auf dem Platz. Die nächsten sechs Lektionen durfte ich in der Abteilung mitreiten. Endlich fand meine Reitlehrerin, dass ich gut genug war, um an einem Strandausritt teilzunehmen.

Am Morgen des Ausritts wachte ich ganz aufgeregt auf. Heute durfte ich Cheyenne reiten, eine gescheckte Stute. Wir ritten Richtung Westen, durch das Wäldchen zu einem Naturstrand. Es war ein wunderschönes, unbeschreibliches Gefühl, im Galopp durch die Dünenlandschaft zu reiten. Leider ging es viel zu schnell vorbei und wir mussten wieder zurückreiten.

Als wir wieder zu Hause in der Schweiz waren, strengte ich mich noch mehr an, einen geeigneten Reiterhof zu finden, und hatte Erfolg: Endlich kann ich auch hier reiten. Aber ich werde weiterhin an die Nordsee fahren, um dieses unbeschreibliche Gefühl zu erleben!

ANNINA PAPPENBERGER, 6. KLASSE

Mia Obrist, 2. Klasse.

Oliver Nierlich, 2. Klasse.

Elia Cappilli, 2. Klasse.

Ina Forster, 2. Klasse.

FANTASIESPORT

Tom klettert bis in den Baumwipfel und lässt sich auf einem Ast nieder. Aaron macht es ihm nach. Geschickt klettert er hinauf. Auch er lässt sich auf einem Ast nieder und atmet erst einmal durch.

Plötzlich schreit Aaron: «Wer als Erster unten ist!» Er hangelt sich so schnell wie möglich nach unten. Tom klettert hinterher. Doch etwas sieht er nicht: Der Ast, auf den er sich zunächst stützen will, ist morsch. Aber schon ist es zu spät. Der Ast knickt ab und Tom fällt. Er streift mit dem rechten Arm einen Ast und fällt einen Wimpernschlag später zu Boden. Er landet zuerst mit dem Fuss und knickt um. Aaron ist auch gleich unten und stürzt zu Tom, der gerade einen Schmerzensschrei von sich gibt. Aaron hilft Tom auf die Beine: «Ist alles gut bei dir?» Tom gibt jedoch keine Antwort. Tränen glänzen in seinen Augen. Aaron fühlt sich schuldbewusst. «Ich glaube, wir sollten nach Hause gehen», sagt er. Tom nickt nur. Der Nachhauseweg dauert 13 Minuten länger als normal, auch wenn Tom von Aaron gestützt wird. Als die beiden endlich bei Tom zu Hause angekommen sind, müssen sie Toms Mutter alles ganz genau erklären. Danach geht auch Aaron nach Hause.

Am nächsten Tag geht Aaron Tom besuchen. Tom hat Krücken, damit er besser laufen kann. Nachdem sich die beiden begrüsst haben, gehen sie in Toms Zimmer. Aaron fragt: «Wie geht es deinem Fuss?» «Ganz gut. Ich darf aber zwei Wochen keinen Sport machen», antwortet Tom. Aaron hat eine Idee: «Wir könnten uns ausdenken, wie Sport in der Zukunft sein wird!» Tom ist begeistert: «Stell dir vor, dass die Fahrräder nichts wiegen!» «Genau!», stimmt Aaron zu. «Und es gäbe einen Knopf, der das Fahrrad in die Luft fliegen lässt!» Tom grinst. «Nur wir beide hätten so ein Fahrrad und würden jedes Rennen gewinnen. Mein ganzes Zimmer wäre voll mit Goldmedaillen!», schwärmt er. Die beiden staunen und fantasieren den ganzen Nachmittag. So hatte auch Tom sein Sporterlebnis. Und ob du es glaubst oder nicht, 19 Jahre später gewinnt er an der Olympiade im Radsport!

LINDA MATHYS, 6. KLASSE

Joshua Wenger, 2. Klasse.

David Elias Pikarek, 2. Klasse.

Franka Werner, 2. Klasse.

Gaël Dejalle, 2. Klasse.

Marwa Haddour, 2. Klasse.

EIN TRAUMRENNEN

Sie rannte, so schnell sie konnte, sie rannte und rannte – es kam ein Hindernis: sie sprang – noch eins und noch eins. Es kamen zu viele hintereinander, sie verlor die Kontrolle und fiel. Das Hindernis fiel auf sie. Sie spürte, wie Panik in ihr aufstieg, sie rang nach Luft. Sie versuchte, sich zu befreien, lag aber wie gelähmt. Sie schrie. Sie wachte auf. Sie rang nach Luft. Sie tastete nach ihrem Asthma-Spray auf dem Nachttisch. Sie atmete ein und aus, bis sie sich beruhigt hatte. Sie legte sich hin und versuchte weiterzuschlafen. Sie konnte nicht klar denken. Nach einer Weile sank sie in einen tiefen Schlaf.

Sie wachte auf. Es war Morgen. Sie ging in die Küche und machte sich etwas zu essen. Als sie fertig war, machte sie sich parat zum Joggen. Sie ging hinaus. Sie genoss den Morgenduft und grüsste ihre Nachbarn.

Als sie zurückkam, ging sie in die Küche und trank etwas Wasser. Daraufhin ging sie duschen. Mist! In 15 Minuten musste sie zum Training! Sie zog sich schnell an, packte ihre Sachen und fuhr dorthin. Ihr Trainer Markus stand schon da und wartete. «Hallo Lena», sagte Markus, «Fangen wir direkt an mit den Aufwärmübungen.» «Wie gewöhnlich 30 Hampelmänner, 50 Kniebeugen und 20 Liegestütze?» «Ja», grinste er und setzte sich hin. Als sie fertig war, stand er auf und sagte: «Es kommt eine Frau. Sie will dich testen, und wenn du gut genug bist, wirst du bei Olympia angenommen.» «Was?», schrie sie. «Da ist sie schon», sagte er. Es war eine schlanke Frau mit mittellangen Haaren und Sommersprossen. Sie trug ein blaues Kleid und türkise Sandalen. «Hallo, ich heisse Kim Zimmermann. Ich will dich testen», sagte sie und setzte sich hin. Lena ging an den Start und rannte los, so schnell sie konnte. Sie war fertig. Sie ging zu Kim. Kim sah sie mit ernster Miene an: «Ich muss dir sagen … dass du angenommen wurdest. Herzlichen Glückwunsch!» Lena stand am Start. Plötzlich ertönte ein Schuss und sie rannte, stolperte, rannte aber weiter, sie rannte – und gewann Bronze.

AUDREY CHARLIE BARAN A MESSE, 6. KLASSE

Z'RIECHE

Militärische Machtdemonstration 1919 vor dem Geschäftshaus Wenk an der Baselstrasse.

Riehen und der Basler Generalstreik von 1919

GERHARD KAUFMANN

Anders als der Landesstreik im November 1918, nahm der Generalstreik im Sommer 1919 in Basel dramatische Formen an. Riehen, von der Stadt weitgehend abgekoppelt, war auf sich allein gestellt. Noch nie in seiner damals 114-jährigen Geschichte war der Gemeinderat derartigen Belastungen ausgesetzt gewesen wie in jenen Juli- und Augusttagen.

Derweil am 11. November 1918 in den Hauptstädten der Siegermächte das Volk jubelnd die Strassen füllte, war in der Schweiz der Landesstreik ausgerufen worden als Folge der wirtschaftlichen Not, unter der vor allem die städtische Bevölkerung zu leiden hatte. In Basel war die Arbeitsniederlegung eine fast vollständige.

Auch die Staatsangestellten befanden sich grösstenteils im Ausstand. Sie legten die öffentlichen Verkehrsmittel lahm und besetzten die wichtigsten Schaltstellen in der Gas-, Wasser- und Elektrizitätsversorgung. Berichte aus dem revolutionären Russland sowie in jenen Tagen auch aus Berlin, München und anderen deutschen Grossstädten hatten hierzulande die Stimmung und die Phantasie der Bevölkerung mächtig angeheizt. In Riehen rechnete man allen Ernstes damit, dass Kolonnen von Streikenden plündernd und brandschatzend das städtische Umland heimsuchen würden, um sich der bei den Bauern lagernden Lebensmittelvorräte zu bemächtigen.

Um das Schlimmste zu verhüten, sah der Gemeinderat als einzigen Ausweg «zum Schutz von Leben und Eigentum» die Bildung einer Bürgerwehr und beorderte dafür den Kommandanten der freiwilligen Feuerwehr und den Präsidenten des Landwirtschaftlichen Vereins am 11. November ins Gemeindehaus. Beide sicherten dem Gemeinderat ihre tatkräftige Mitwirkung zu. Noch am selben Tag erging ein gemeinderätliches Aufgebot an die als zuverlässig erachteten, wehrfähigen Männer des Dorfes. Das selbsternannte Platzkommando beschloss, eine Vorhut unten am Gstaltenrain zu postieren und beim Nahen der ausgehungerten Arbeiterkolonnen das Gros der Bürgerwehr mit der Sturmglocke zu alarmieren und beim Gemeindehaus zu versammeln.

Riehen zählte damals noch über hundert Grossvieh haltende Landwirte, womit der zur Bürgerwehr umfunktionierte Landwirtschaftliche Verein über eine breite Basis verfügte. Der Bauernstand galt von jeher als zuverlässig

Der Landwirtschaftliche Verein Riehen dient als Mannschaftsreservoir zur Bildung einer Bürgerwehr, 12. November 1918.

und obrigkeitstreu – und darum als geeignet zur Bekämpfung subversiver Kräfte. Die sogenannten ‹Guiden-Schwadronen› hoch zu Ross waren das Machtmittel jener Zeit, wenn es galt, demonstrierende Massen auseinanderzutreiben oder in Schach zu halten.

In der Nacht vom 14. auf den 15. November wurde der Streikabbruch beschlossen und am Morgen die Arbeit wieder aufgenommen. Wie vom Gemeinderat vorausgesehen, traf die angeforderte militärische Verstärkung – ein Mitrailleur-Detachement von 20 Mann mit Maultieren – erst am 16. November in Riehen ein. Die Arbeiterschaft stand auf der Verliererseite. Die Probleme, derentwegen sie in den Streik getreten war, blieben ungelöst, die sozialen Spannungen hielten an und führten acht Monate später zum Generalstreik in Basel.

DER GENERALSTREIK 1919 IN BASEL

Weitaus tragischere Folgen als der Landesstreik hatte der am 31. Juli 1919 erfolgte Ausbruch des auf Basel beschränkten Generalstreiks. Nach spannungsgeladenen Verhandlungen und gegenseitigen Provokationen, die sich während Tagen hingezogen hatten, war eine Aussperrung der Belegschaft in der Färberei Clavel & Lindenmeier der äussere Anlass, der zum Basler Generalstreik führte. Wiederum solidarisierten sich die Staatsangestellten mit ihren Kollegen aus der Privatwirtschaft und legten die Arbeit ebenfalls nieder.

In den Jahren des Ersten Weltkriegs waren die Lebenshaltungskosten um 200 Prozent gestiegen, die Löhne hingegen lediglich um 145 Prozent für Frauen und für Männer um 160 Prozent angehoben worden. Die niedrigsten

Bürgerwehr Riehen:
Es gilt ernst am 31. Juli 1919.

Löhne weit und breit zahlten Clavel & Lindenmeier. Erst im Frühjahr 1919 war die wöchentliche Arbeitszeit von 57,75 Stunden auf 48 Stunden gesenkt worden. Das Basler Fabrikarbeiterproletariat hungerte in überbelegten Wohnungen. Die Tuberkuloseerkrankungen waren sprunghaft angestiegen, Grippeepidemien hatten Tausende dahingerafft. So bedurfte es in der aktuellen Notsituation nur noch eines nichtigen Anlasses, um diesen Streik auszulösen. Aufgeschreckt durch die seit Sommer 1917 periodisch stattfindenden Demonstrationen und Gewaltakte, war auch in Basel eine Bürgerwehr gebildet worden, die sich aus Mitgliedern rechtsbürgerlicher Kreise zusammensetzte. Ihre Aufgabe war es, das Hab und Gut der Besitzenden, namentlich die Villen im Gellert, aber auch Banken, Telefonzentralen und andere Infrastruktureinrichtungen zu schützen und der Polizei im Kampf gegen demonstrierende und Steine werfende Arbeiter und Jungburschen beizustehen.

Auf das Ersuchen des Basler Regierungsrats um militärischen Beistand bei der Bewältigung der eskalierenden Unruhen reagierte der Bundesrat umgehend: Die auf den 31. Juli 1919, mittags um 3 Uhr, nach Aarau und Liestal aufgebotenen Ordnungstruppen rückten in der Morgenfrühe des 1. August in die Stadt ein. Eine am Vormittag des 1. August durch Kleinbasel patrouillierende Motorwagenkolonne wurde beim Claraplatz mit Steinen beworfen. Das Militär eröffnete daraufhin das Feuer. Zwei Zivilisten starben. Etwas später versuchten Demonstranten, auf das Kasernenareal vorzudringen. Wiederum schoss das Militär in die Menge. Drei Zivilisten wurden getötet, zwanzig

> **Mitbürger!**
> Kavallerieschwadronen sind heute morgen staubbedeckt in unsere Stadt eingeritten. Wir stehen unter dem Schutz braver und zuverlässiger Truppen. Erleichtert ihnen ihre schwere Aufgabe. Meidet Straßen und Plätze. Der aussichtslose Generalstreik wird über kurz oder lang zusammenbrechen. Darum Kopf hoch!

Aufruf des Bürgerwehrkommandos – und nicht etwa der Regierung – an die Bevölkerung.

Schwerverletzte in die Spitäler eingeliefert. Der Generalstreik hatte seinen blutigen Höhepunkt erreicht.

IM NOTFALL WÜRDE SICH RIEHEN VON BASEL-STADT LOSSAGEN

Wieder war Riehen abgeschnitten von der Stadt, die vollauf mit sich selbst beschäftigt war. So wurde denn die bereits im November 1918 zusammengestellte Bürgerwehr wieder mobil gemacht. Sie stand diesmal unter professionellem Kommando. Oberstleutnant Heinrich Heusser, Inspektor der hiesigen Taubstummenanstalt, befehligte durch Beschluss des Gemeinderats Riehens Wehr. Zu einem Eingreifen der Bürgertruppe kam es auch diesmal nicht. Von den in Basel eingerückten Ordnungstruppen in Regimentsstärke wurde ein Detachement von dreissig Mann teils zu Pferd, teils auf Camions nach Riehen beordert, mit dem ausdrücklichen Auftrag, das Gemeindehaus zu bewachen und eine angebliche Zusammenrottung von Jungburschen zu zerstreuen.

Am Abend des 31. Juli 1919 traf sich der Gemeinderat zu einer Sondersitzung. Wie sehr unsere Gemeindeväter das Schreckensszenario eines Umsturzes vor Augen hatten, bezeugt folgender Eintrag im Gemeinderatsprotokoll: Für den Fall, dass in der Stadt die Räterepublik ausgerufen würde, sollte Sturm geläutet werden, damit die Gemeinde sich unabhängig erklären und entsprechende Beschlüsse fassen könne.

Wie hätten diese Beschlüsse wohl gelautet? Anschluss an den Kanton Basel-Landschaft oder Gründung einer Freien Republik Dinkelberg?

Eine motorisierte Abteilung hält die Einmündung der Kirchstrasse in die Baselstrasse besetzt. Derweil reitet ein Kavallerieschwadron in Riehen ein.

Fast zeitgleich mit der Sondersitzung des Gemeinderats versammelten sich um 8 Uhr abends hundert Bürger im Gasthof Ochsen, um die Instruktionen des Gemeinderats beziehungsweise des Kommandanten der Bürgerwehr entgegenzunehmen. Ihre Aufgabe war wie in Basel, das Hab und Gut der Besitzenden zu schützen und die öffentliche Ordnung aufrechtzuerhalten. Es gab aber auch Unterschiede zwischen den Vorgängen in Riehen und in der Stadt. Dort war die Bürgerwehr aus Arbeitgeber-Kreisen gebildet worden.

Ausserdem verfügte die Kantonsregierung über das mit Infanteriewaffen ausgerüstete Polizeikorps, das sich der Streikbewegung nicht angeschlossen hatte. In Riehen hingegen war die Bürgerwehr eine Art Volksmiliz, vom Gemeinderat initiiert und von diesem an ihre Posten beordert. Der Not gehorchend, beging der nur über eine sehr beschränkte Polizeigewalt verfügende Gemeinderat eine grobe Kompetenzverletzung, indem er mangels anderer Machtmittel eine Bürgerwehr etablierte. Dass fünf besonnene Männer, darunter auch ein Sozialdemokrat, zu einer derartigen Massnahme griffen, zeigt, dass sie davon ausgingen, der Generalstreik könnte sich zu einem Staatsstreich auswachsen. Die Etablierung einer Räterepublik nach sowjetischem Vorbild und der Spartakus-Aufstand im Januar 1919 in Berlin waren die Schreckgespenster jener Tage. Das war wohl auch dem Regierungsrat bewusst, der die Handlungsweise der Gemeindeväter danach in keiner Weise kritisierte oder gar sanktionierte.

Am 8. August erfolgte der Streikabbruch. In Riehen war es weder zu Sachbeschädigungen noch zu Plünderun-

**Tram und Militär
im Riehener Dorfkern, 1919.**

gen gekommen. Fünf Gemeindearbeiter, die am Streik teilgenommen hatten, wurden fristlos entlassen. Diese Massnahme des Gemeinderats trug sicher nicht dazu bei, die aufgerissenen Gräben zuzuschütten. Dieser Aufgabe widmete sich eine im Krisenjahr 1919 gegründete Partei, die – ein Novum – weder dem Bürgerblock noch der Linken zuzuordnen war.

EIN BLICK ZURÜCK NACH 100 JAHREN

Den Enkelinnen und Urenkeln der aktiven Generation des Ersten Weltkriegs fällt es aus heutiger Sicht leicht, das Verhalten der damaligen Dorfgrössen als Überreaktion abzutun. Zweifellos war die Bildung von Bürgerwehren eine Reaktion auf die Angst vor einem Übergreifen der revolutionären Ereignisse im benachbarten Deutschland auf die kriegsverschonte, aber sozial aufgewühlte Schweiz. Die Formel «Ende der Monarchie gleich kommunistische Machtergreifung gleich Schreckensherrschaft» kannte das zutiefst erschrockene Bürgertum von den drastischen Vorgängen im zerfallenden Zarenreich. Dass auch die Verlierermächte Deutschland und Österreich-Ungarn dieser Gesetzmässigkeit unterliegen würden, galt damals als wahrscheinlich.

Die Geschichtsschreibung geht heute jedoch mehrheitlich davon aus, dass die Schweiz am Ende des Ersten Weltkriegs zwar schweren Erschütterungen ausgesetzt, als selbstständiger, demokratisch regierter Staat aber nie gefährdet war. Schon Karl Radek, Lenins engster Vertrauter im Schweizer Asyl, bestätigte dies: «Die Revolution im Sinne der russischen ist in der Schweiz infolge des starken, selbstbewussten Bauernstandes nicht denkbar.» Die nach Art der Volksmilizen, aber ohne übergeordnetes Kommando organisierten Bürgerwehren waren der Armeeführung ebenso suspekt wie den sozialistischen Jungburschen, wenn auch aus unterschiedlichen Gründen. General Wille befürchtete zu Recht eine sich jeder Kontrolle entziehende Eskalation der Gewalt durch das Eingreifen der selbsternannten Ordnungshüter und damit einen Bürgerkrieg.

Auch die Basler Regierung distanzierte sich anfänglich von der städtischen Bürgerwehr. Das Regierungsratsprotokoll vom 13. November 1918 hält fest: «In der Frage der Verwendung der ohne Zutun der Behörden geschaffenen Bürgerwehr beantragt Herr Regierungsrat Miescher, der Regierungsrat wolle davon absehen, gegenüber den Streikenden die Dienste der Bürgerwehr anzunehmen und es sei ferner dem Kommando der 5. Division davon abzuraten, die Bürgerwehr heranzuziehen. [...] Wird diesem Antrag zugestimmt und ist diese Stellungnahme dem Kommando der 5. Division mitzuteilen.» Diese Zurückhaltung wurde dann anlässlich des Generalstreiks Ende Juli 1919 weitgehend aufgegeben. Die städtische Bürgerwehr agierte unter dem Schutz des in der Stadt zirkulierenden Militärs auch als Streikbrecherin, fuhr Tramwagen oder reinigte Strassen (in Hemd und Krawatte). Waffen und Munition konnte sie aus Armeebeständen beschaffen und im De Wette-Schulhaus lagern sowie in einer Kammer der Villa Wenkenhof. Deren Besitzer, Alexander Clavel, war Kompaniechef vom Kreis II der städtischen Bürgerwehr. Staatsarchivar Andreas Staehelin, ein Chronist jener Tage, kommentierte diesen Tatbestand mit der bitteren Bemerkung: «Der gleiche Alexander Clavel, der durch die von ihm bezahlten Hungerlöhne den Generalstreik provoziert hat, ist seinen Arbeitern lieber mit Ross und Ordonanzpistole als mit der Lohntüte in der Hand entgegengetreten.»

Ob und wie die Riehener Bürgerwehr bewaffnet war, ist nicht überliefert. Immerhin hatte damals schon jeder Wehrpflichtige seine Waffe im Haus.

Obwohl weder der Landesstreik von 1918 noch der Generalstreik von 1919 den Streikenden den erwünschten Erfolg beschert hatten, setzten diese Ereignisse eine Entwicklung in Gang, die der Schweiz nach mehreren Anläufen die Einführung der AHV und das Frauenstimmrecht ermöglichten. Bereits im Oktober 1919 wurde das geforderte Proporzwahlrecht für den Nationalrat eingeführt und damit der sozialdemokratischen Partei eine angemessene Vertretung in der grossen Kammer garantiert.

QUELLEN
Beschlüsse des Regierungsrats des Kantons Basel-Stadt 1918, StABS Handel und Gewerbe AA 24,5.
Protokolle des Gemeinderats Riehen, StABS.
Fotosammlung im Privatarchiv Johannes Wenk-Madoery, Riehen, Fotograf: Paul Wenk-Löliger.
Fritz Grieder: Aus den Protokollen des Basler Regierungsrates zum Landesstreik 1918, in: Basler Stadtbuch 1969, S. 142–172.
Fritz Grieder: Zehn heisse Tage. Aus den Akten des Regierungsrates zum Basler Generalstreik 1919, in: Basler Stadtbuch 1970, S. 108–141.
Hanspeter Schmid: Krieg der Bürger. Das Bürgertum im Kampf gegen den Generalstreik 1919 in Basel. Zürich 1980.

Hula Hawaiians Basel, 1948 (von links nach rechts): Jean Rohrer, Kurt Gass, Walter Roost und Walter Pfirter.

Musikinstrumentenbauer Karl Schneider und die E-Gitarre

DIETER SCHNEIDER-WENK

Der Erfolg der Rock- und Popmusik der späten 1960er-Jahre wäre ohne die elektrischen Gitarren kaum denkbar gewesen. Der Ursprung dieser Instrumente liegt aber viel weiter zurück. Ein Basler namens Riggenbacher, der Ende des 19. Jahrhunderts in die USA ausgewandert war, schrieb dabei Geschichte – und der Instrumentenbauer Karl Schneider schrieb sie in Riehen weiter.

Mitte der 1920er-Jahre – in den USA ‹Roaring Twenties› genannt – entstanden neue Formen der populären Musik. Ausgangspunkt dieser Entwicklung waren technische Neuheiten wie der Tonfilm, der Plattenspieler und das Radio. Der texanische Gitarrist George Beauchamp baute eine laute Gitarre, die sich auch in einer Big Band behaupten konnte. Dafür entwickelte er einen Tonabnehmer, der die Schwingungen der Stahlsaiten in eine Wechselspannung umwandelte und über einen Röhrenverstärker hörbar machte. Mit diesem Pick-up war die Grundlage für die E-Gitarre gelegt. Der Ingenieur Adolph Rickenbacker (1887–1976) brachte die erste handelsübliche E-Gitarre, die wegen ihrer Form ‹Frying Pan› (Bratpfanne) genannt wurde, schliesslich auf den amerikanischen Markt.

Adolf Adam Riggenbacher, wie er ursprünglich hiess, wurde 1887 am Gemsberg 7 in Basel als Sohn eines Schreiners in ärmlichen Verhältnissen geboren. Die fünfköpfige Familie wanderte 1891 in die USA aus. Der junge Adolph Rickenbacker gründete in Los Angeles eine Firma und lieferte ab 1931 E-Gitarren unter dem Label ‹Rickenbacker› in die ganze Welt. Die Firma existiert noch heute in Santa Ana CA, USA.

In den 1930er-Jahren bekam Karl Schneider, ein junger Geigenbauer im Musikhaus Meinel an der Steinenvorstadt 3 in Basel, erstmals eine amerikanische E-Gitarre zu Gesicht. Fasziniert von der Technik und vom vollen Sound des Instruments, begann er, eigene Versuche mit Pick-ups durchzuführen. Die E-Gitarre sollte ihn in der Folge nicht mehr loslassen.

Musikinstrumenten-
bauer Karl Schneider,
1971.

Adolph Rickenbacker
mit seiner ‹Frying
Pan›, 1974.

Karl Schneider
im Geigenbau-Atelier
P. Meinel, Basel, 1932.

LEHR- UND BERUFSJAHRE IN BASEL

Karl Schneider wurde 1905 in Heilbronn geboren. Der Vater arbeitete als Braumeister und lebte mit seiner Familie unter anderem in Mülhausen, Pruntrut und Oggersheim. Die vielen Umzüge und die damit verbundenen Wechsel von Sprachen und Schulsystemen erwiesen sich als unvorteilhaft für die Bildung der drei Kinder. Während des Ersten Weltkriegs verstarb der Vater an den Folgen eines Betriebsunfalls. Seine Witwe suchte mit den Kindern in der schwierigen Nachkriegszeit Zuflucht bei ihrer Mutter, die aus Steinen im Wiesental stammte. Gemeinsam zog die Familie in ein Haus in Stetten bei Lörrach.

Der junge Karl war intelligent und handwerklich sehr begabt. Die finanziellen Verhältnisse und seine lückenhafte Schulbildung verhinderten aber ein Ingenieurstudium. Ein Onkel, der Musikprofessor und Konzert-Cellist im Berner Symphonieorchester war, vermittelte dem jungen Mann eine Lehrstelle beim Geigenbaumeister Paul Meinel in Basel. 1923 schloss Karl seine Lehre als Geigenbauer erfolgreich ab. Er blieb als Fachmann im Atelier seines Meisters und baute viele Geigen und andere Saiteninstrumente von hoher Qualität. Nach dem Tod von Paul Meinel im Jahr 1928 übernahm dessen Schwiegersohn Hugo Schmitz-Meinel das Atelier an der Steinenvorstadt und führte es als Musikhaus Meinel weiter.

Nach der Wirtschaftskrise in den 1930er-Jahren stagnierte das Geschäft mit den Geigen. Karl Schneider begann, nebenbei auch Gitarren zu bauen. Schliesslich gründete er zusammen mit Hugo Schmitz-Meinel die Gitarrenmarke ‹Grando›. Zu den verschiedenen Jazz- und Konzertgitarren unter diesem Label kamen noch vor Ausbruch des Zweiten Weltkriegs die ersten E-Gitarren, die Karl Schneider nach amerikanischem Vorbild entwickelt hatte. Die Grando-Modelle gelten heute als die ersten handelsüblichen E-Gitarren Europas.

Geschäftssitze der Firma K. Schneider in Riehen 1945–1981: Taunerhaus der Familie Ernst und Emma Wenk, Oberdorfstrasse 43 (links oben); Haus Mohrhaldenstrasse 50 (rechts oben); Haus mit Ladengeschäft an der Rössligasse 18 (links unten); Geschäftshaus an der Bahnhofstrasse 1.

GRÜNDUNG DER FIRMA K. SCHNEIDER, INSTRUMENTENBAU RIEHEN

Karl Schneider hatte Ende der 1920er-Jahre die junge Marie Wenk aus Riehen kennengelernt und 1931 geheiratet. Das Paar lebte mit den Kindern Elsbeth (*1937) und Dieter (*1944) im Obergeschoss des Kleinbauernhauses von Maries Eltern Ernst und Emma Wenk-Wohlschlegel an der Oberdorfstrasse 43 in Riehen. Das Leben unweit der deutschen Grenze war für die junge Familie während des Zweiten Weltkriegs nicht einfach. Ausserdem hätte Karl Schneider als deutscher Staatsangehöriger Militärdienst leisten müssen. Bei einem überraschenden Einmarsch der Wehrmacht wäre er als Dienstverweigerer in Lebensgefahr geraten.

Harfengitarre, Karl Schneider, 1932.

Elektrische ‹Grando›-Jazz-Gitarre, Musikhaus Meinel, um 1940.

Elektrische Hawaii-Gitarre (‹Lapsteel›), ‹Rio›-Modell «Aloha», um 1956.

Beruflich befriedigte Karl Schneider die Zusammenarbeit im Musikhaus Meinel immer weniger. Deshalb entschloss er sich gegen Ende des Krieges, in Riehen ein eigenes Geschäft zu gründen. Die Einmannfirma ‹K. Schneider, Instrumentenbau Riehen› hatte ihren ersten Geschäftssitz in der Familienwohnung. Da die Gitarrenmarke Grando seinem ehemaligen Chef Hugo Schmitz-Meinel gehörte, verkaufte er seine neuen Modelle unter seinem eigenen Label ‹ Rio›. Der junge Unternehmer entwickelte eine Rio-Modellreihe mit akustischen und elektrischen Konzert-, Jazz- und Hawaiigitarren, die rasch Absatz fanden. Der amerikanische Hype der Hawaii-Musik, der nach Kriegsende auch Europa erfasste, trug kräftig zum Geschäftserfolg bei. In der ganzen Schweiz entstanden Hawaii-Bands, die sich mit elektrischen Jazz- und Hawaiigitarren sowie Ukulelen aus Riehen ausrüsteten. Die erfolgreichsten in Basel waren die Hula Hawaiians.

Die Raumverhältnisse in der Familienwohnung, die zugleich als Geschäftssitz und Werkstatt diente, waren prekär. Deshalb plante Karl Schneider einen Neubau am Dorfrand. Das von Architekt Jean Mory entworfene Haus an der Mohrhaldenstrasse 50 wurde im Herbst 1945 bezogen. Es bot sowohl der vierköpfigen Familie als auch der Firma vorerst genügend Platz. Im hinteren Teil war eine Werkstatt und im Kellergeschoss ein Maschinenraum eingerichtet. Obwohl Musikinstrumente nach dem Krieg noch mit einer Luxussteuer belastet waren, entwickelte sich das Gitarrengeschäft sehr gut. Schon 1947 stellte Karl Schneider einen ersten Mitarbeiter ein, später folgten weitere. Schon bald hatte der expandierende Betrieb wieder zu wenig Raum. Karl Schneider konnte im Dorf ein Ladengeschäft mit Werkstatt an guter Lage mieten. Das Haus an der Rössligasse 18 wurde zur neuen Geschäftsadresse. Im Laden wurden nicht nur Gitarren, sondern auch

andere Musikalien, Radios und Plattenspieler verkauft. Der Hauptteil der Produktion ging aber an Musikgeschäfte in der ganzen Schweiz und im angrenzenden Ausland.
Die Schweizerische Mustermesse in Basel (Muba) war in der Nachkriegszeit der Ort, wo sich die aufstrebenden Industrie- und Gewerbebetriebe der ganzen Schweiz präsentieren konnten. Auch die Firma K. Schneider stellte gegen Ende der 1940er-Jahre ihre neuen Rio-Produkte an der Muba aus. Ihr Stand war eine kleine Bühne, auf der Musiker und Bands mit Rio-Instrumenten auftraten. Im Vordergrund drehte sich eine überdimensionale, durchsichtige Gitarre aus Plexiglas. Der Sound der E-Gitarren war in der ganzen Halle zu hören und zog das Publikum in Scharen an. Dabei dominierte die Hawaiimusik, die als erste Welle der Pop-Musik bezeichnet werden könnte.

GEWERBEBETRIEB AN DER BAHNHOFSTRASSE

Die Situation des aufstrebenden Gewerbebetriebs mit zwei Standorten und wachsendem Personalbestand war jedoch nicht ideal. Als ein Schwager des Firmenchefs, Schneidermeister Louis Wenk (1903–1967), die Liegenschaft an der Bahnhofstrasse 1 erwarb und im Obergeschoss ein elegantes Atelier und eine Wohnung für sich und seine Mutter einrichtete, bezog die Firma K. Schneider das Erdgeschoss dieses ehemaligen Schulhauses mit Baujahr 1841. Hier fand sie endlich das geeignete Raumangebot für die Gitarrenproduktion: Von der Eingangshalle ging es links ins Verkaufslokal, das gleichzeitig als Atelier des Chefs diente. Daran schloss eine Grossraum-Werkstatt mit vier Gitarrenbau-Werkbänken an. Den hinteren Teil des Erdgeschosses nahm ein Saal mit Holzbearbeitungsmaschinen

Gitarrenmodelle aus der Riehener Produktion:

Akustische Hawaii-Gitarre mit Brandmalerei, um 1955;

E-Hawaii-Gitarre, um 1956;

E-Jazz-Gitarre;

E-Hawaii-Gitarre Modell «Royal», um 1955.

In der Riehener Gitarrenwerkstatt, 1959.

wie Bandsäge, Kreissäge, Hobel-, Bohr- und Schleifmaschinen ein. In der ehemaligen grossen Küche des Hauses befanden sich die Lackiererei sowie der Spritzraum mit Abluftanlage zum Hof. Im offenen Verbindungstrakt zum ehemaligen Ökonomiegebäude war das Lager der wertvollen Tonhölzer untergebracht.

Karl Schneider war ein Tüftler und ein genialer Konstrukteur. Die ersten Pick-ups für seine E-Gitarren hatte er wahrscheinlich nach amerikanischen Vorbildern entworfen und deren Funktionalität experimentell optimiert. Er machte Entwürfe, verwirklichte viele seiner Ideen und verbesserte seine Modelle laufend. So hatte er den grössten Schwachpunkt der Gitarrenkonstruktion, die Langzeitstabilität des Gitarrenhalses, früh erkannt. Er verstärkte den Hals mit einer Metalleinlage, die der Zugspannung der Stahlsaiten entgegenwirkte und so ein Verbiegen verhinderte. Diese Konstruktion liess er schon 1946 patentieren.

BLÜTEZEIT DES GITARRENBAUS WÄHREND DER HOCHKONJUNKTUR

In den 1960er-Jahren erreichte die Nachfrage nach Gitarren ihren Höhepunkt. Die Firma K. Schneider beschäftigte zeitweise bis zu zehn Mitarbeitende. Marie Schneider-Wenk, die Frau des Chefs, hatte seit 1950 immer mehr Aufgaben im Betrieb übernommen. Mit grossem Geschick führte sie die Brandmalereien bei den akustischen Hawaii- und Westerngitarren aus und polierte die fertigen Instrumente. Zudem war sie die Ansprechperson der Firma und pflegte die Kundenkontakte. Später halfen auch die Tochter Elsbeth und der Schwiegersohn Jean-Pierre Vocat im Familienbetrieb mit.

Die Firma und die Rio-Gitarren waren in der Musikszene des Landes bekannt. Viele Gitarristen und Gitarristinnen kamen nach Riehen und liessen sich Instrumente nach ihren Wünschen anfertigen. Dank ihren Rückmeldungen lernten Schneider und seine Mitarbeitenden ständig dazu und perfektionierten die Instrumente. Dabei entstanden neue Modelle in modischen Farben und Formen, die sich den Entwicklungen in der Jazz-, Rock- und Popmusik anpassten. So realisierte Karl Schneider auch eine E-Gitarre, bei der die Stimmung während des Spiels umgeschaltet und der Ton zu einem Tremolo verändert werden konnte.

Namhafte Musiker und Bands wie Django Reinhard, der «Vater des Gipsy-Jazz», Pierre Cavalli oder die Minstrels spielten auf Rio-Gitarren. Die Minstrels fanden 1967 in Zürich als Strassenmusiker im Minnesängerstil zusammen und spielten Folk und Pop. Mit ‹Grüezi wohl, Frau Stirnimaa› landeten sie 1969 einen Platz-1-Hit in der Schweizer Hitparade mit 1,5 Millionen verkauften Platten.

Die Folk- und Pop-Musikgruppe Minstrels.

ZURÜCK ZUM GEIGENBAU

Der Gitarrenmarkt wurde in den 1970er-Jahren mit Billigprodukten aus Asien überschwemmt. E-Gitarren aus Deutschland und den USA konkurrierten mit den Rio-Gitarren. Die Erdölkrise von 1973 zog einen Preisanstieg der für den Gitarrenbau wichtigen Tropenhölzer nach sich. Trotz dem vermehrten Einsatz von Maschinen und diversen Rationalisierungsmassnahmen geriet die Produktion unter massiven Kostendruck.

Im Alter von 70 Jahren zog sich der Patron Karl Schneider aus der Firma zurück. Sein Schwiegersohn Jean-Pierre Vocat und dessen Frau Elsbeth übernahmen die Firma 1975 unter dem Namen Vocat-Schneider Gitarrenbau GmbH. Jean-Pierre Vocat war ideenreich und initiativ. Er entwarf innovative Gitarrenmodelle und befasste sich mit dem Bau von Charangos, kleinen Zupfinstrumenten aus Bolivien, deren Resonanzkörper ursprünglich aus dem Panzer von Gürteltieren gefertigt wurde. Vocat entwickelte in Zusammenarbeit mit Ciba-Geigy ein Verfahren, um den Korpus aus Kunststoff herstellen zu können. Leider blieb der geschäftliche Erfolg unter den erschwerten Bedingungen aus. Deshalb wurde die Produktion heruntergefahren, schliesslich eingestellt und der Firmeneintrag im Handelsregister am 16. November 1981 gelöscht. Elsbeth Vocat-Schneider führte allerdings noch während Jahren Reparaturen aus.

Gitarrenproduktion, 1972.

Instrumentenbauer Jean-Pierre Vocat-Schneider
bei der Charango-Produktion, 1979.

Karl Schneider kehrt zum Geigenbau zurück.

Nachfolger Ulrich Heimann in seinem Geigenbau-Atelier in Weil am Rhein.

Nachdem Karl Schneider seine Gitarrenbau-Firma 1975 Schwiegersohn und Tochter übergeben hatte, richtete er im Dachgeschoss seines Wohnhauses an der Mohrhaldenstrasse 50 ein kleines Geigenbauatelier ein. Die Rückkehr in sein ursprüngliches Metier gelang ohne Schwierigkeiten. Dank seiner geistigen Frische und seiner guten Gesundheit arbeitete er auch als Siebzigjähriger noch genau und effizient. Er restaurierte alte Sammlerinstrumente und stellte Geigen, Bratschen und Celli von hoher Qualität her. Bald schon konnte er sich über einen wachsenden Kundenkreis in der ganzen Region Basel freuen. Erst im Alter von 86 Jahren übergab er sein Geschäft 1991 dem jungen Geigenbauer Ulrich Heimann in Weil am Rhein, der bei ihm ein Praktikum absolviert und dann bei Uphoff-Franke in Mannheim die Lehre gemacht hatte. Karl Schneider starb am 26. Juni 1998 nach kurzer Krankheit. Der Geschäftssitz der ehemaligen Firma an der Bahnhofstrasse 1 fiel 2008 einem Grossbrand zum Opfer, wobei leider viele Originale und Dokumente verloren gingen.

QUELLEN
Araldite et la fabrication d'instruments de musique, in: Aspects Ciba-Geigy 3 (1979), S. 7–10.
Hans Boltshauser: Die Geigenbauer der Schweiz, Degersheim 1969, S. 94, URL: www.geigenbauer.ch/fileadmin/media/Download/Die-Geigenbauer-der-Schweiz.pdf, Zugriff: 18.07.2019.

Bänz Friedli: Hartnäckigkeit und Hawaii-Gitarren, in: Small Number – Big Impact. Schweizer Einwanderung in die USA, Zürich 2006, S. 91–98.
Stanislav Grenet, Marc Sabatier: Les Guitares Rio. Schneider et Bianchi: histoire d'une rencontre, in: Vintage Guitare 3 (2011), S. 18–23, URL: www.riogitarren.ch/expo-links-Dateien/vintageguitares3.pdf, Zugriff: 18.07.2019.

Karl Schneider – RIO-Gitarren, virtuelle Ausstellung, URL: www.riogitarren.ch; riogitarrenguitares.free.fr [Zugriffe: 18.07.2019].
Musée des musiques populaires – mupop, Montluçon, URL: www.mupop.fr, Zugriff: 18.07.2019.

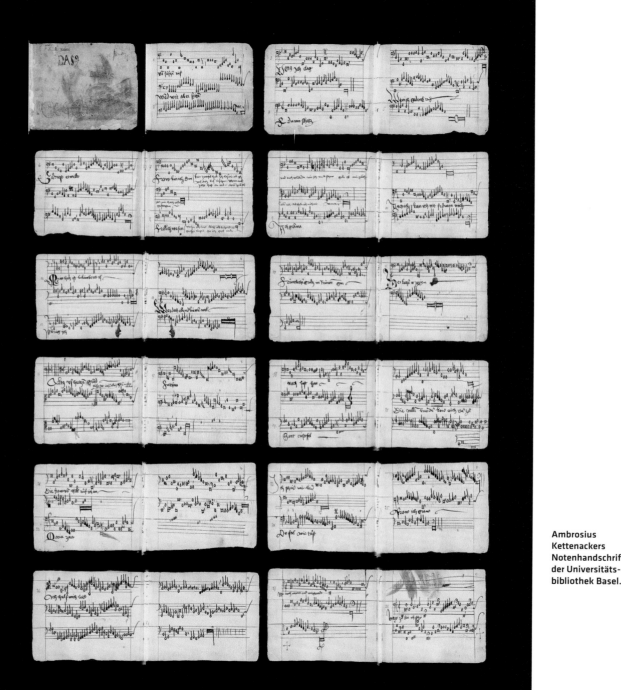

Ambrosius Kettenackers Notenhandschrift in der Universitätsbibliothek Basel.

Das Liederbuch des jungen Ambrosius Kettenacker

FRIEDHELM LOTZ

Ambrosius Kettenacker war eine zentrale Figur unserer Kirchengeschichte, vollzog er doch 1528 im Einvernehmen mit der Riehener Dorfgemeinde die Reformation. Daran erinnert uns der 2017 erschienene Kunstführer zur Dorfkirche St. Martin.[1] Darin wird auch auf sein in jungen Jahren eigenhändig geschriebenes Liederbuch hingewiesen – ein bisher kaum bekanntes Detail aus Kettenackers Leben und ein Juwel in der Basler Universitätsbibliothek.

Ambrosius Kettenacker (um 1493–1541) wirkte ab 1519 in der Riehener Dorfkirche, zuerst als Leutpriester und ab der von ihm 1528 durchgeführten Riehener Reformation als evangelisch-reformierter Pfarrer. Sein Leben als Geistlicher ist gut dokumentiert und wurde mehrfach beschrieben, nicht zuletzt von Pfarrer Theophil Schubert im ‹Jahrbuch z'Rieche› 1963 unter dem Titel «Ambrosius Kettenacker und die Reformation in Riehen».[2]

Rund 500 Jahre später, am 9. November 2018, füllte er ‹seine› Kirche wieder. Diesmal nicht mit einer Predigt, sondern mit ‹Frólich Wesen›, der ersten zusammenhängenden Live-Aufführung der Musik, die Kettenacker als 15- bis 17-jähriger Student vor 1510 gesammelt und für den Eigengebrauch niedergeschrieben hatte, durch das Ensemble ‹Leones› unter der Leitung von Marc Lewon. Dieses aus einem ursprünglich vierstimmigen Satz einzig erhaltene Bass-Stimmbuch mit 28 Liedern gab Kettenacker 1510 an seinen damals 15-jährigen Freund Bonifacius Amerbach mit einer Widmung weiter. Ein Digitalisat des Werkes steht im Internet zur Verfügung und es gibt auch eine CD mit der Live-Aufnahme des Konzerts.[3]

Das Liederbuch ist eine der beiden ältesten[4] Notenhandschriften des berühmten Amerbach-Kabinetts. Weitere Besonderheiten wie der Entstehungszeitpunkt an der Schwelle zur Reformation, die Jugend des Schreibers und die Inhalte und Aussagen der Lieder begründen das Interesse der Musik- und Gesellschaftshistorikerinnen und -historiker an dieser Handschrift und machen auch Laien neugierig. Dieses Interesse führte zu dem oben erwähnten Konzert und zu der Ausstellung im Geistlich-Diakonischen Zentrum Riehen vom 5. Oktober bis 23. November 2018: ‹Kettenackers Liedersammlung von 1508/1510 – Eine erstaunliche Welt›. Diese beiden Veranstaltungen haben den vorliegenden Beitrag inspiriert.

EINE SPURENSUCHE

Die Kettenacker-Handschrift ist unter dem Titel ‹Liederbuch des Ambrosius Kettenacker› mit der Signatur F X 10 in der Hauptbibliothek der Universität Basel abgelegt und gehört zu deren umfangreichen und berühmten ‹Sammlung der Musikhandschriften des 16. Jahrhunderts›. Diese besteht weitgehend aus Werken, die im 16. Jahrhundert in der städtischen Gesellschaft im Umlauf waren zum Singen und Musizieren in privaten Kreisen, in Kirchen, Schulen oder in der Universität. Sie wurden vielfach abgeschrieben, da Drucke und Handschriften selten und teuer waren. Im Gegensatz zu anderen grossen Kollektionen von Musikhandschriften in Europa ist die Basler Sammlung nicht für kostbare Prunk-Liederbücher bekannt, die von Adligen, Bischöfen oder von reichen Familien als repräsentative Schätze in Auftrag gegeben worden waren. Es sind vielmehr einfache Abschriften von bekannten Werken, die von der Bevölkerung rege gebraucht wurden. Das verleiht der Basler Sammlung ihre gesellschaftshistorische Bedeutung. Den umfassenden Zugang zu den aktuellen Werken der Zeit verdankte Basel seiner ausgezeichneten Vernetzung in Europa, vor allem durch das Druckergewerbe, den Flussverkehr auf dem Rhein und nicht zuletzt Erasmus von Rotterdam. Prominente Bürger wie der Jurist Bonifacius Amerbach, Professor für Institutionenlehre und Römisches Recht und fünfmaliger Universitätsrektor, waren Musikliebhaber und standen in regem Kontakt mit Fürstenhäusern, Komponisten, Schreibern und Handelshäusern. Das hatte sogar zur Folge, dass mehrere Werke aus anderen Regionen Europas nur in Basel überliefert sind – sozusagen eine ‹Datensicherung› über die Jahrhunderte.

Denn die ‹Sammlung der Musikhandschriften des 16. Jahrhunderts› blieb bis heute weitgehend unversehrt. Sie verdankt ihre Existenz der Liebe zur Musik von einigen wenigen Sammlern, deren Nachlässe direkt oder im Laufe der Jahrhunderte indirekt an die Stadt Basel übergingen. Der wohl bedeutendste Teil stammt aus dem sogenannten Amerbach-Kabinett, das Bonifacius Amerbachs Urgrossneffe Johann-Ludwig Iselin der Stadt Basel 1661 verkaufte – unter dezidierter Mitwirkung von Bürgermeister Johann Rudolf Wettstein, der ein sehr lukratives Angebot aus Holland abwehren konnte. Das Kabinett umfasste unter anderem Erasmus von Rotterdams Nachlass, der an seinen Freund Bonifacius Amerbach übergegangen war, und enthielt nicht nur Schriften, sondern auch eine reichhaltige Objekt- und Kunstsammlung in der Tradition der ‹Wunderkammer›. Diese sind heute auf das Historische Museum, das Kunstmuseum und weitere Institutionen in Basel verteilt. Bücher und Handschriften gelangten in die Universitätsbibliothek, darunter auch das Kettenacker-Liederbuch. Der Eingang der zirka 10 000 neuen Inventarpositionen aus der Amerbach-Iselin-Sammlung im Jahr 1661 soll fast eine Verdoppelung des Bestands der Bibliothek bewirkt haben.[5]

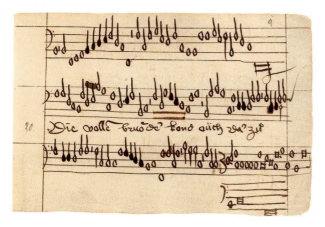

Scherzlied Nr. 20: ‹Die vollen bruöder kond ouch darzu›.

Rückseite des Liederbuchs mit Jahreszahl und Hinweisen auf Kettenacker, Amerbach und Kotter.

Da schlummerte das Liederbuch während Jahrhunderten und geriet erst im Zuge einer umfassenden Katalogisierung um 1893 durch Julius Richter[6] in den Fokus der Musikwissenschaft. Im Jahr 1917 beschrieb und kommentierte Wilhelm Merian die Handschrift wie folgt: «Besonders interessant für uns ist das Letztgenannte (F X 10), ein ursprünglich einem vollständigen mehrstimmigen Exemplar angehörige[s] Bassstimmbuch, das die Namen Amerbach, Kotter und Ketenacker aufweist, deren Zusammenhang untereinander mir jedoch unklar ist. Es ist nämlich ein sehr altes Manuskript (Anfang 16. Jahrhundert), dessen Umschlag so gelitten hat, dass Jahreszahl und Aufschriften undeutlich sind; aus den Aufschriften auf der Rückseite ‹Ambrosius Ketenacker donno dedit Bonifacion Amerbachio hos libellulos, Anno MDXX› (Jahreszahl aus dem Katalog von Richter) und von anderer Hand: ‹Dem ersamen und waisen maister Johann Kotter› ergibt sich so viel, dass es von dem genannten Ketenacker dem Humanisten geschenkt worden ist, vor- oder nachher aber einmal Kotter[7] gehört hat.›[8] Später wurde vieles an dem Dokument erforscht, zum Beispiel die Herkunft des Papiers, die Wasserzeichen, die Tinte und die Kalligrafie. Die amateurhafte Notenschrift, Fehler, Tintenflecken etc. schliessen die Hand eines professionellen Schreibers aus und deuten auf einen jungen Studenten, der dabei war, die Notenschrift zu erlernen. Dadurch wirkt die Handschrift lebendig und ungekünstelt. Aufgrund aller verfügbaren Daten und Analysen geht man heute davon aus, dass Ambrosius Kettenacker die Noten vor 1510 eigenhändig (ab-)schrieb und ursprünglich auch die drei anderen, heute verschollenen Stimmen (Diskant, Alt, Tenor) dazugehörten. Der Einband weist starke Abnutzungsspuren auf, was auf einen regen Gebrauch schliessen lässt.

Nr.	Liedtitel	früheste Konkordanz	Thema
1.	Von suftzen tief	Unikat	Leid
2.	Wend wir aber sygen	Unikat	Protest
3.	Venus ich clag	Unikat	Liebe
4.	F du min schatz	1535	Scherz
5.	Wen ich gedenck	1545	Liebe
6.	Zu trost erwellt	1510	Liebe
7.	Frow bin ich din	1510	Liebe
8.	Frölich wesen	1510	Abschied
9.	Ach gramma	Unikat	Leid
10.	An dich kan ich nit froewen mich	1519	Liebe
11.	Min hertz ist bekümberet	Unikat	Leid
12.	Isbrüg jch [muss dich lassen]	Unikat / Melodie 1539	Abschied
13.	Wer das ellend büwen wel	1541	Pilgern
14.	Fruntlicher grutz in trüwen gar	1510	Liebe
15.	Der katzen reyen	Unikat	Scherz
16.	Us hertzen grund	1519	Liebe
17.	Fortuna [desperata]	1510	Leid
18.	Nach lust han	1519	Liebe
19.	Sant Cristoffel	Unikat	Prozession
20.	Die vollen bruöder kond ouch darzu	1510	Scherz
21.	Die frow von himell ruf ich an	1510	Maria
22.	Maria zart	1500	Maria
23.	Ich scheid mit leid	1520	Abschied
24.	Unfal wie tust	1510	Abschied
25.	Frow ich graw	Unikat	Liebe
26.	Ach hulf mich leid	1510	Liebe
27.	Nie noch niemer end min gemut	1519	Liebe
28.	Mary zu dir ich schry	Unikat	Maria

DER INHALT DES LIEDERBUCHS

Von den 28 Bassstimmen, aus denen Kettenackers Liederbuch besteht, sind nach heutigem Wissensstand 19 zu den ursprünglich vierstimmigen Sätzen rekonstruierbar (siehe Liste): 18 davon über die direkte Konkordanz mit anderen Quellen – also mit Liedern, die denselben Bass im mehrstimmigen Kontext besitzen –, und das Unikat Nr. 12 ‹Isbrüg jch›, dessen Bass zwar mit keinem heute überlieferten Werk korrelierbar ist, aber zur bekannten, erstmals 1539 publizierten Melodie ‹Innsbruck ich muss dich lassen› passt. Für das Konzert hat Marc Lewon hier die fehlenden Stimmen (Tenor, Alt) im Stil der Zeit ergänzt.

Die derzeitigen Erkenntnisse und Konkordanzen zu den einzelnen Liedern sowie Angaben zu den eruierbaren Komponisten von sechs der ansonsten anonymen Lieder sind mit wenigen Ausnahmen im neusten Katalog der Musikhandschriftensammlung des 16. Jahrhunderts dokumentiert.[9]

Die gesammelten Lieder handeln von Liebe, Leid, Freude, Klage, Reiselust und Gottesfurcht. Insgesamt bilden sie ein Kaleidoskop von Themen, über die in dieser Zeit gesungen wurde. Die Auswahl gibt zugleich Einblick in das kulturelle, religiöse und emotionale Leben eines gebildeten Jünglings im kürzlich der Eidgenossenschaft beigetretenen Basel an der Schwelle zur Reformation. Wie alle Menschen seiner Zeit kannte der Student Ambrosius Kettenacker trotz seines jugendlichen Alters bestimmt auch schon Krankheit, Schmerz, Leid und Tod. Seine Lied-Auswahl thematisiert also nicht nur Liebe, Scherz und Reisen, sondern auch Frömmigkeit, Abschied und Verzweiflung. Es folgen ein paar exemplarische Einblicke in die Themenwelt und die Sprache dieser Lieder.[10]

Im lateinischen Lied Nr. 17 ‹Fortuna [desperata]›, dem wohl populärsten seiner Zeit im Liederbuch, kommt die Machtlosigkeit gegenüber dem Schicksal zum Ausdruck, wie die neuhochdeutsche Übertragung verdeutlicht:

1 **Fortuna desperata**	1 **Auswegloses Schicksal**
Iniqua e maladecta	Ungerecht und verflucht
Che di tal donna electa	Wer hat den Ruf einer so
La Fama ha dinegrata	Ausgewählten Dame verleumdet
Fortuna desperata	Auswegloses Schicksal
2 O morte dispietata,	2 O erbarmungsloser Tod
Inimica ed cruele,	Feindselig und grausam
Amara piu che fele	Bitterer als Galle,
Di malitia fondata	Begründet in Bosheit
Fortuna desperata	Auswegloses Schicksal

Der fromme Mensch suchte Halt und Trost im Glauben. Davon zeugen religiöse Lieder (Nr. 21, 22 und die Unikate 19 und 28) die sich im Spätmittelalter an die Heiligen und vor allem an Maria als Fürbitterin richten.

Ein in Nordeuropa sehr bekanntes und von mehreren Komponisten bearbeitetes Abschiedslied ist Nr. 8 ‹Frölich Wesen›. Hier geht es um die Ungewissheiten und Gefahren in der Fremde. Das Lied strahlt aber zugleich Optimismus und Abenteuerlust aus:

1 **Ein frölich wesen** hab ich erlesen
und sich mich um. Wo ich hinkum
In frömde land, wird mir bekannt
mer args denn guots durch senes fluots,
Glich hür als feren. Uf dieser erden
tuo ich mich selbs erkennen.
2 Wo ich denn lend lang als behend
mit grosser gir, begegnet mir
Mengs wunder da; wie ich umscow,
gilt es mir glich in allem rich.
Kum, wo ich well: kein geld, kein gfell.
Doch tuo ich mich nit nennen.
(insgesamt 3 Strophen)

1 **Ein fröhlich Wesen** hab ich erlesen
und sehe mich um. Wo ich hinkomme
In fremde Lande wird mir bekannt
mehr Arges als Gutes durch Sehnsuchtsansturm,
gleich dieses als voriges Jahr. Auf dieser Erde
tu ich mich selbst erkennen.
2 Wo ich auf kurz oder lang ankomme
mit grossem Eifer begegnet mir
Manch Wunder da; wie ich mich umschaue,
ist es das Gleiche in allen Reichen.
Ich komme wo ich will: kein Geld, kein Gefallen.
Doch tu ich mich nicht nennen.

Das Unikat Nr. 2 ‹Wend wir aber sygen› deutet möglicherweise auf eines der Volkslieder um 1500 hin, deren Anfänge «Werden / wollen wir aber singen von …» lauten. Dabei handelt es sich meistens um Mut-mach-Lieder vor einem Kampf oder Protest, aber auch um Balladen wie zum Beispiel das ‹Tellenlied›.

Lebensfreude, Genuss und Humor kommt in den Scherz- und Trinkliedern zum Ausdruck. Und selbstverständlich nimmt die Liebe viel Raum ein. Davon zeugt das weitgehend unbekannte Liebeslied Nr. 27 ‹Nie noch niemer end min gemut›:

1 **Nie noch nimmer so rut mein gmut** /
ich tob und wut / bei dir zu sein
Dahin all mein / gedank ich setz /
troest und ergetz
Mit treuen mich / dargegen dich /
diweil ich leb mein treu versich.
(insgesamt 3 Strophen)

1 Nie noch nimmer ruht mein Gemüt,
ich tobe und wüte um bei dir zu sein,
Dahin setze ich all meine Gedanken.
Tröste und ergötze
Mich in Treue, dagegen versichere ich dir
solange ich lebe meine Treue.

NACH DER REFORMATION VERGEISTLICHTE KETTENACKER-LIEDER

Das Kettenacker-Liederbuch enthält auch ursprünglich weltliche Lieder, die nach der Reformation in den religiösen Kontext aufgenommen wurden. Die Verbindung von geistlichen Texten mit allgemein bekannten, populären Melodien – ‹Kontrafaktur› genannt – war eine weit verbreitete Praxis in der frühen Reformationszeit, als die Gesangbücher aufkamen. Oft hiess es darin: «Zu singen nach dem Ton von: ...». So konnte man auf Noten verzichten. Ein bekanntes Beispiel für eine Kontrafaktur ist das weltliche Abschiedslied Nr. 12 ‹Isbrüg jch [muss dich lassen]›, zu dessen Melodie viele geistliche Texte und musikalische Bearbeitungen entstanden, bis hin zu einigen grossen Werken der Musikgeschichte wie Bachs Matthäus- und Johannespassionen.[11] Hier folgt die wohl früheste Kontrafaktur:

1 **Isbruck, ich muß dich lassen**
 Ich far do hin mein strassen
 In fremde land do hin
 Mein freud ist mir genomen
 Die ich nit weiß bekummen
 Wo ich jm elend bin.

1 **O Welt, ich muss dich lassen**,
 ich fahr dahin mein Straßen
 ins ewig Vaterland.
 Mein Geist will ich aufgeben,
 dazu mein Leib und Leben
 legen in Gottes gnädig Hand.

Das Liebeslied Nr. 26 ‹Ach hulf mich Leid› von Adam von Fulda, in dem eine Frau die Sehnsucht nach ihrem Gesellen ausdrückt, wurde zu Luthers Zeit mit demselben Anfang in ein geistliches Lied über die Reue eines Sünders umgewandelt. Die vorgestellte Fassung stammt aus einem Luther-Gesangbuch von 1545.[12] Der Wortlaut am Anfang ist fast identisch:

1 **Ach hülff mich leid** unnd senlich klag /
 Mein tag hab ich kein rast,
 So fast mein hertz mit schmertz thut ringen, /
 Drängen / nach verlorner freud.
 Wiewol ich bsorg, es sei umsunst, /
 Min gunst, den ich ihm trag,
 Doch mag ich nicht mit icht verlassen, /
 Hassen in um lieb und leid.

1 **Ach hilff mich leid** und sehnlich klag /
 von tag zu tag solt sich /
 trewlich / mein hertz / mit schmertz besagen, /
 klagen / der verlornen zeit /
 die ich so thörlich hab verzert,
 beschwert / beid leib und seel /
 on heil und not / für Gott der rechen /
 brechen / will der sunden neid

Viel älter als die bereits vorgestellten Melodien ist der ‹Jakobston›, das Pilgerlied der Jakobspilger. Man nimmt an, dass sie es schon im 14. Jahrhundert sangen, um sich an ihren Stationen auf dem Weg nach Santiago de Compostela auszuweisen und damit ein Anrecht auf Kost und Logis zu erwerben. Interessanterweise sind schriftliche Noten dazu erst aus dem 15. Jahrhundert überliefert. Der Kettenacker-Bass des Liedes Nr. 13 mit dem Titel ‹Wer das ellend büwen wel› – ‹das Elend bauen› bedeutet ‹in die Ferne ziehen› – ist die älteste erhaltene Notenschrift zu diesem populären Lied aus dem Mittelalter. Der Melodie wurde ein geistlicher Text unterlegt. Die hier wiedergegebene Fassung trägt den Titel ‹Ein schön Geystlich Lied von einem Christlichen pilgram› und stammt aus einem Luther-Gesangbuch von 1550.[13] Hier wird nicht mehr eine Pilgerfahrt beschrieben, sondern die Lebensreise des Menschen auf dem Weg zu Gott. Der reicht dem Lebenspilger die Hand wie die hilfsbereiten Leute im Schweizerland dem Jakobspilger (5. Strophe). Auch hier beginnt die neue Fassung mit fast denselben Worten wie die alte:

1 **Wer das ellend bawen well**,
   der heb sich auf und sei mein gsell
   wohl auf sant Jacobs straßen!
   Zwai par schuoch der darf er wol,
   ein schüssel bei der flaschen.

2 Ein braiten huot den sol er han
   und an mantel sol er nit gan,
   mit leder wohl besezet,
   es schnei oder regn oder wähe der wint,
   daß ihn die luft nicht nezet.

3 Sack und stab ist auch darbei,
   Er luog, daß er gebeichtet sei,
   gebeichtet und gebüßet!
   Kumt er in die welschen lant
   er findt kein teutschen priester.

4 Ein teutschen priester findt er wol,
   er waiß nit wo er sterben sol
   oder sein leben laßen,
   stirbt er in dem welschen lant
   man grebt in bei der straßen.

5 So ziehen wir durch Schweizerlant ein,
   sie heißen uns gutwelkum sein
   und geben uns ire speise,
   sie legen uns wol und decken uns warm,
   die Straßen tuont sie uns weisen.

(insgesamt bis 21 Strophen)

1 **Wer hie das Elend bawen will**
   der heb sich auff und zieh dahin
   und gehe des HERREN strasse
   Glaub und gedult dörfft er gar wol
   solt er die Welt verlassen.

2 Den Weg den man yetzt wandern sol
   der ist elend und trübsal vol
   das nempt euch wol zu hertzen.
   Lust unnd frewd schwimbt gar dahin
   bleibt nur jammer und schmertzen.

3 Das Fleysch erschrick unnd sicht sich umb
   ob ihm dort her ein Feyndt schier kompt
   der es möchte angelangen.
   Es rauscht ein blat vom Baum herab
   es meynt es sey gefangen.

4 Wenn nu das fleisch zu bodem geht
   und jm der Tod entgegen steht
   so schwebt der Geist frey oben
   zeigt uns an die arge welt
   die uns hat lang betrogen.

5 So sieht der Pilgram auff dem Land
   der HERR reycht ihm sein trewe Hand
   kann jm den weg recht weysen
   kein ungefehr jm schaden sol
   der Geist der will jn speysen.

(insgesamt 15 Strophen)

DAS INTERESSE DER MUSIKGESCHICHTE

Wie sich gezeigt hat, ist die Bedeutung des Kettenacker-Liederbuchs aus musikhistorischer Sicht vielfältig. Als Teil der Amerbach-Sammlung hat es als erste Notenhandschrift eine besondere Stellung inne. Der Zeitpunkt seiner Entstehung liegt an der Schwelle des beginnenden Noten-Buchdrucks und noch vor der Reformation. Diese deutsche Liedersammlung schliesst gewissermassen die Lücke zwischen der letzten bedeutenden erhaltenen deutschen Liederhandschrift, dem ‹Glogauer Liederbuch› von 1480, und dem ersten Druck mit mobilen Noten-Typen, ‹Erhard Oeglins Liederbuch› von 1512.[14] Ausserdem zeugt es mit seiner amateurhaften Notenschrift und den starken Gebrauchsspuren vom musikalischen Alltag eines Studenten in Basel um 1500. Inhaltlich umfasst die Liedauswahl ein breites Spektrum. Der hohe Anteil an Unikaten – etwa ein Drittel – und die erstaunliche Anzahl von Liedern, für die das Kettenacker-Liederbuch die frühesten schriftlich überlieferten Fragmente enthält – darunter das berühmte ‹Innsbruck, ich muss dich lassen› – machen es für die Musikgeschichte zu einer wichtigen Quelle.

---

1 Bernard Jaggi, Christoph Matt, Martina Holder: Die Dorfkirche St. Martin in Riehen. Schweizerische Kunstführer, Bern 2017.
2 URL: http://www.riehener-jahrbuch.ch/de/archiv/1960er/1963/zrieche/ambrosius-kettenacker-und-die-reformation-in-riehen.html [Zugriff: 18.07.2019].
3 URL: https://www.e-manuscripta.ch/doi/10.7891/e-manuscripta-2683 [Zugriff: 18.07.2019].
4 John Kmetz: The Sixteenth-Century Basel Songbooks. Origins, Contents and Contexts, Bern 1995, S. 49ff.
5 Ebd., S. 18.
6 Julius Richter: Katalog der Musik-Sammlung an der Universitäts-Bibliothek in Basel, in: Monatshefte für Musikgeschichte XXIII (1893), Supplement.
7 Hans Kotter, berühmter Organist und Komponist aus Strassburg, war Lehrer und Freund von Bonifacius Amerbach.
8 Wilhelm Merian: Bonifacius Amerbach, in: Basler Zeitschrift für Geschichte und Altertumskunde 16 (1917), S. 149f. Die Jahreszahl MDXX im Text wurde später in MDX korrigiert.
9 Die meisten Referenzen zu den einzelnen Konkordanzen finden sich in John Kmetz: Die Handschriften der Universitätsbibliothek Basel. Katalog der Musikhandschriften des 16. Jahrhunderts – quellenkritische und historische Untersuchung, Basel 1988, S. 268–271, und Kmetz 1995, S. 51–52, sowie im Begleitheft der Konzert-CD, insbesondere zu Nr. 12, 13 und 22. Da sind auch die Namen der Komponisten vermerkt, falls bekannt.
10 Die frühneuhochdeutschen Liedtexte stammen im Folgenden aus unterschiedlichen Konkordanzen, die hier nicht einzeln aufgeführt werden. Neuhochdeutsche Übertragungen stammen in der Regel von Marc Lewon und vom Verfasser.
11 Vgl. dazu Wikipedia, URL: https://de.wikipedia.org/wiki/Innsbruck,_ich_muss_dich_lassen [Zugriff: 18.07.2019].
12 Martin Luther (Hg.): Das Babstsche Gesangbuch von 1545. 2. Faksimiledruck Ausgabe. Kassel 1966.
13 Martin Luther (Hg.): Geistliche Lieder und Psalmen, Nürnberg 1550, S. 683. München, Bayerische Staatsbibliothek, Sign. Liturg. 739. URL: http://mdz-nbn-resolving.de/urn:nbn:de:bvb:12-bsb10186128-2 [Zugriff 11.08.2019].
14 Vgl. Kmetz 1995, S. 49ff.

Wichtiges zentral gehängt: Pablo Picassos allegorisches Meisterwerk ‹Das Leben› (1903) in der Ausstellung ‹Der junge Picasso – Blaue und Rosa Periode› in der Fondation Beyeler.

Sechs entscheidende Jahre und das Panorama eines ganzen Künstlerlebens
MICHÈLE FALLER

‹Der junge Picasso – Blaue und Rosa Periode› mit Werken aus den Jahren 1901 bis 1906 und die Sammlungsausstellung ‹Picasso Panorama› in der Fondation Beyeler boten eine einmalige Begegnung mit dem Jahrhundertkünstler.

Der Blick ist eindringlich, die Haltung selbstbewusst. Die Hände lässig in den Jackentaschen, steht der junge Mann auf der sonnenbeschienenen Place Ravignan in Montmartre, Paris, und blickt direkt in die Kamera – und damit direkt in unsere Gesichter, die wir am Eingang der Ausstellung ‹Der junge Picasso – Blaue und Rosa Periode› in der Fondation Beyeler stehen. Natürlich wissen wir, wie erfolgreich der 23-Jährige bald sein wird, der zum Zeitpunkt der Aufnahme noch in ärmlichen Verhältnissen im berühmten Atelierhaus ‹Bateau-Lavoir› lebt. Doch blickt man ins Gesicht des jungen Künstlers auf dem alten Foto, kann man zumindest vermuten, dass er eine leise Vorahnung dessen hat, was er später im verblüffenden Ausspruch «Ich wollte Maler sein und bin Picasso geworden» auf den Punkt bringen sollte.

Blicken wir an der Wand mit der grossformatigen Fotografie vorbei, fällt unser Blick auf ein Selbstporträt, dessen Ausdruck sogar noch eine Spur selbstsicherer ist. Es ist Anfang 1901 für Pablo Picassos erste Ausstellung in der Galerie von Ambroise Vollard in Paris entstanden, als der Künstler erst 19-jährig war. Mehr zu erahnen als klar zu erkennen ist die Farbpalette in seiner rechten Hand, doch Pinsel oder Leinwand sieht man nirgends. «Ein kühnes Statement des Neuankömmlings in Paris», betonen Saaltext und Ausstellungskatalog, der ein kleines Kunstwerk für sich ist.[1] Wichtiger als seine Utensilien sind der Künstler selbst sowie sein vorliegendes Werk, das quasi den Leistungsausweis erbringt. Bemerkenswert ist die Signatur links oben, die zugleich als Bildtitel fungiert: «Yo Picasso» steht dort, wobei das ‹Yo – Ich› in unübersehbaren Grossbuchstaben hingemalt wurde.

Raphaël Bouvier, Claude Picasso und Sam Keller an der Ausstellungseröffnung von ‹Der junge Picasso – Blaue und Rosa Periode›, im Hintergrund Pablo Picassos ‹Selbstbildnis› (1901).

Der Workshop ‹Zeichnen mit Picasso› war nur eine der unzähligen Begleitveranstaltungen der Picasso-Schauen.

Sie wurde als Kultur-Highlight 2019 angekündigt und hielt dieses Versprechen. Die Ausstellung ‹Der junge Picasso – Blaue und Rosa Periode›, die zwischen dem 3. Februar und dem 16. Juni insgesamt 335 244 Besucherinnen und Besucher verzückte, ist damit die am zweitbesten besuchte Ausstellung in der Geschichte der Fondation Beyeler – nur ‹Paul Gauguin› 2015 hatten noch mehr Leute gesehen. Bereits acht Monate vor der Vernissage luden Fondation-Beyeler-Direktor Sam Keller und Kurator Raphaël Bouvier zur ersten Medienkonferenz, an der auch Picasso-Enkelin und Kunsthistorikerin Diana Widmaier Picasso anwesend war. Doch was sind schon acht Monate im Vergleich zu vier Jahren? So lange hatten Keller und sein Team nämlich an der Ausstellung gearbeitet, die in Kooperation mit den Musées d'Orsay et de l'Orangerie sowie dem Musée National Picasso Paris entstand. Da erstaunt es nicht, dass der Museumsdirektor vom bisher aufwendigsten, ambitioniertesten und auch kostspieligsten Ausstellungsprojekt in der Geschichte des Museums sprach – allein der Versicherungswert betrug rund vier Milliarden Franken.

NUR EINMAL IM LEBEN

Der zweiten Medienkonferenz unmittelbar vor der Eröffnung wohnte der Sohn des Universalkünstlers, Claude Picasso, als Ehrengast bei. Bouvier und Keller berichteten von weiteren Superlativen: Erstmals in Europa würden die Meisterwerke der Blauen und Rosa Periode in dieser Dichte und Qualität gemeinsam präsentiert. Sie seien extrem wertvoll – sowohl als Kulturschätze wie auf dem Kunstmarkt. Ausserdem seien die 41 Leihgaben, die aus 13 Ländern anreisen, in ihren Heimatmuseen absolute Publikumsmagneten und entsprechend schwierig auszuleihen. Die übrigen Werke stammten aus privaten Sammlungen und man bekomme sie selten – wenn nicht gar nur einmal im Leben – zu Gesicht.

Wen das alles im Vorfeld noch nicht beeindruckt hat, wird in der hochkarätigen Schau mit ihren 75 Werken überzeugt. In den ersten Sälen sind nebst dem oben erwähnten Selbstporträt Werke zu sehen, die durch ihre Buntheit verblüffen und auch sonst in Staunen versetzen. Das ist ein Picasso? Noch nie gesehen! Die Bilder entstanden 1901 in Madrid und Paris und zeigen vor allem das Pariser Nachtleben. Da sind die ‹Frau in Blau›, eine energisch blickende Kurtisane in imposanter Aufmachung, Cancan-Tänzerinnen im Moulin Rouge, eine schöne, aber etwas abgekämpfte Dame in ‹Die Erwartung (Margot)› und die Absinthtrinkerinnen. Besonders eindrücklich ist jene, die in sich zusammengesunken mit verschränkten Armen und leerem Blick an einem Tischchen sitzt. Die Komposition mit dem Grün des Absinths, das im Pullover wieder aufgenommen wird, und dem Gesicht der Trinkerin, das leuchtend aus dem Schatten hervortritt, ist genauso schön, wie das Dargestellte traurig stimmt. Wunderbar ist die Platzierung des Werks mitten im Raum, die das vollständige Betrachten der beidseitig bemalten Leinwand ermöglicht. Auf der anderen Seite ist die ‹Frau in der Loge› zu sehen, die kurz vor der ‹Absinthtrinkerin› entstand. Der Melancholie der Trinkerin, wenn auch hier in warmen Farben gehalten, werden wir in den Werken der Blauen Periode immer wieder begegnen.

Der Übergang zu dieser Phase, in der Picasso die Welt praktisch durch einen blauen Filter sah, ist an einigen seiner Werke festzumachen, doch exemplarisch scheinen zwei sehr ähnliche Darstellungen seines Freundes Carles Casagemas, der sich im Februar 1901 das Leben nahm. In ‹Der Tod Casagemas'› herrschen Rot und Gelb vor, während bei ‹Casagemas im Sarg› – abgesehen von der gelblichen Gesichtsfarbe des Toten – Blau dominiert. Der Selbstmord des Freundes war der Auslöser für die Blaue Periode, wie Picasso selbst bemerkte: «Der Gedanke, dass Casagemas tot ist, brachte mich dazu, in Blau zu malen.» Interessanterweise tat er dies mit einer zeitlichen Verzögerung von etwa einem halben Jahr, denn aus der Zeit unmittelbar nach Casagemas' Tod stammen die farbigen Bilder der Theaterlogen, denen noch etwas Sorgloses anhaftet.

WÜRDE STATT SCHOCKEFFEKT

Die Menschen, die Picasso in seiner Blauen Periode darstellte, drücken allerdings die Sorgen schwer. Das spürt man beim Betrachten deutlich, aber niemals ist man ob des Elends schockiert. Etwa bei der ‹Sitzenden mit Schal›, in sich gekehrt und praktisch nur das traurige Gesicht beleuchtet vom durch das kleine Fenster einfallenden Licht: Obwohl ihr Elend sichtbar

Wie im Paris der Belle Époque: Zur ‹Blauen Stunde› im ‹Café Parisien› pflegte Anja Pavlova die kunstvolle Art des Sich-Entkleidens – Burlesque.

Auf dem Weg zum Kubismus: Pablo Picassos ‹Frau (Zeit der «Demoiselles d'Avignon»)› (1907) aus der Sammlung der Fondation Beyeler markiert den Übergang zwischen den beiden Picasso-Ausstellungen in Riehen.

wird, ist man doch überrascht, dass der Künstler hier eine Insassin im Pariser Frauengefängnis Saint-Lazare porträtiert hat, denn sie scheint zu schön dafür. Das fällt in der Ausstellung immer wieder auf: Picasso stellt die Menschen am Rand der Gesellschaft berührend dar, ohne ihre Not abstossend erscheinen zu lassen oder ins Rührselige abzugleiten. Er zeigt sie in würdevoller Schönheit.

Die Rosa Periode setzte 1904 ein, als Picasso seine erste Muse und Geliebte Madeleine kennenlernte. Die beiden Gaukler im Bild ‹Akrobat und junger Harlekin› wirken ähnlich zart wie die elfenhafte Madeleine als ‹Frau im Hemd›, wobei der Harlekin sogar ähnliche Gesichtszüge trägt. Auch die ‹Akrobatenfamilie mit einem Affen›, deren andächtige Stimmung an eine Heilige Familie im Zirkusmilieu denken lässt, zeigt dieselben grazilen Figuren und könnte als eine Art Gegenstück zum allegorischen Schlüsselwerk der Blauen Periode ‹Das Leben› gesehen werden. Beide handeln von universellen Themen wie Leben, Liebe, Sexualität, Schicksal und Tod.[2] Hier Einsamkeit und Melancholie, dort Glück und Freude, wobei die Grenzen fliessend sind und beide Seiten der jeweils anderen innewohnen.

So beeindruckend diese zahlreichen Meisterwerke an sich sind – die grossartige Picasso-Schau hatte noch mehr zu bieten. Insgesamt 1300 Führungen und Workshops fanden statt, unter anderem das wöchentliche ‹Zeichnen mit Picasso› in der Sammlungspräsentation, wo eine Kunstvermittlerin ihre Schützlinge in nur einer Stunde dazu brachte, quasi ‹Picasso-like› zu zeichnen. Das eigens für die Ausstellung eingerichtete ‹Café Parisien› im Stil der Belle Époque lockte jeden Mittwoch zur ‹Blauen Stunde› und schuf vom Vortrag übers Konzert bis zu

Burlesque, Drag-Show und Cabaret originelle und erhellende Bezüge zu den ausgestellten Werken. Einzige Abweichung von den Originalen: Das Absinth-Trinken fand hier in fröhlicher Stimmung statt. Im Multimediaraum konnte man via interaktive Bücher in Picassos Welt eintauchen, dessen übermalte Gemälde mit einem Röntgenblick durchleuchten oder mittels eines Stadtplans von Paris Freunde und Lieblingsorte des grossen Künstlers aufsuchen.

In der Ausstellung markiert das Jahr 1906, als Picasso mit seiner neuen Muse Fernande Olivier ins Pyrenäendorf Gósol reiste, die Hinwendung zu einer neuen, archaischen Formensprache mit imposanten weiblichen Akten, die in auffallendem Gegensatz zu den filigranen Zirkusgestalten stehen. Eine radikale Reduktion der Formen führte 1907 schliesslich zu ‹Les Demoiselles d'Avignon›, das als Vorbote des Kubismus gilt. Mit diversen Ölstudien zu diesem bahnbrechenden Werk, die auf verblüffende Weise die einzelnen Entwicklungsstadien verdeutlichen, endet die Schau über die Blaue und Rosa Periode – und beginnt die Sammlungsausstellung ‹Picasso Panorama›, die von Januar bis Mai zu sehen war. Sie beginnt mit einer Ölstudie, die besondere Aufmerksamkeit verdient: Die ebenfalls 1907 entstandene ‹Frau (Zeit der «Demoiselles d'Avignon»)› ist das früheste Werk aus der Picasso-Sammlung von Ernst und Hildy Beyeler.

HOMMAGE AN ERNST UND HILDY BEYELER

Heute besitzt die Fondation Beyeler mit 33 Werken eine der grössten Picasso-Sammlungen weltweit. Ergänzt durch Dauerleihgaben aus der Anthax Collection Marx und der Rudolf Staechelin Collection, umfasste die Sammlungsausstellung 40 Werke, die zwischen 1907 und 1972 entstanden waren. Beide Ausstellungen zusammen machten die Fondation Beyeler temporär zu einem veritablen Picasso-Museum und verstanden sich auch als Hommage an das Museumsgründerpaar[3], das den Künstler persönlich gekannt hatte, ihn in der Galerie Beyeler ausgestellt und im Laufe der Jahrzehnte über 1000 seiner Werke vermittelt hatte. Auch Hauptwerke der Blauen und Rosa Periode wurden dort präsentiert, vermittelt und verkauft – darunter ‹Akrobat und junger Harlekin›, als Plakatmotiv quasi das Symbolbild der Ausstellung. Hier scheint sich der Kreis zu schliessen, denn wir sind wieder beim bunten, stolzen, zuweilen auch harten Picasso angelangt, den wir zu kennen meinten. Doch die Sicht auf die neueren Werke hat sich nach dem ausgiebigen Einblick in seine sensible, zarte Seite verändert. Diese kam dann zum Vorschein, als der junge Mann, der Künstler werden wollte, bereits Picasso war.

1 Fondation Beyeler, Raphaël Bouvier (Hg.): Picasso. Blaue und Rosa Periode, Ausstellungskatalog, Riehen/Berlin 2019, S. 42.
2 Vgl. das Vorwort ebd., S. 9.
3 Ebd., S. 11.

An der Äusseren Baselstrasse, 2019.

Riehener Baustellenlegende

DANIEL THIRIET

Im Jahre 1738 hat sich in der Nähe des heutigen Dorfplatzes eine Tragödie ereignet: Jakob Bagger, ein Wegmacher in Riehen, der gerne mal ein Gläschen Wein zu viel trank, traf beim Aushub für den neuen Dorfbrunnen mit seiner Spitzhacke einen Stein und die Spitzhacke spickte zurück und dem Jakob mit voller Wucht an den Kopf und bohrte sich durch seine Stirn in seinen Schädel. Anstatt dem Jakob zu helfen, lachten seine Kollegen nur: «Der hat wieder getrunken!» Sie erkannten nicht, dass der torkelnde Jakob keinen Spass machte. Sie liessen den Schwerstverletzten liegen, sodass dieser nach einigen Stunden verstarb. Bevor sein Lebenslicht ausging, belegte Jakob aus Wut über die Achtlosigkeit seiner Kollegen sein Dorf mit einem Fluch: Niemals wieder soll Riehen frei von Baustellen sein!

Damit dieser Fluch auch wirkt, kehrt Jakob Baggers Seele seither immer wieder im Körper eines Mitarbeiters in die Riehener Verwaltung zurück, um Baustellen zu schaffen. Im Jahre 2019 ist es Lukas. Der langjährige Mitarbeiter der Bauverwaltung Riehen führt – unbewusst – Jakob Baggers Befehle aus. So sucht sich der Lukas Jahr für Jahr Stellen in unserem Dorf aus, die – mit wechselnden Begründungen – aufgerissen, eingezäunt, verkehrsbeampelt, zugeschüttet, asphaltiert und nochmals kurzzeitig aufgerissen und endgeteert werden können. Gerne lässt er auch mal für ein paar Wochen eine Baustelle Baustelle sein. Brühlweg, Essigstrasse, Am Hang, Rauracherstrasse, Grendelgasse – nichts ist dem Lukas (oder dem Jakob) heilig. Jede noch so kleine Begründung reicht, um Bagger und andere gewaltige Maschinen zu bestellen, die rot-weissen Schranken aufzustellen und den Asphalt aufzuspitzen.

Sein Meisterwerk kurz vor seiner Pensionierung ist die riesige Baustelle zwischen Zoll und Eglisee: Mit seinen Verbündeten in den Tiefbauabteilungen von Basel und Weil lässt der Lukas ohne irgendwelche Hemmungen gegenüber Anwohnenden die ganzen fünf Kilometer häppchenweise aufreissen (sonst ist es ja viel zu schnell vorbei). Er leitet den Verkehr durch ganz Riehen um. Und damit es ja spassig wird, erfindet er Monsterkreisel, die keine sind, und bestückt die ganze Umleitungsstrecke mit Verkehrsampeln, die nichts anderes zu tun haben, als den Verkehrsfluss zusätzlich zu blockieren. Kaum hat er gesehen, dass diese Baustelle wirkt, lässt er auch Zufahrtsstrassen aufreissen. Und wer denkt, er oder sie könne über Quartierstrassen ausweichen, rechnet nicht mit Lukas' (oder eben Jakobs) Hinterhältigkeit. Selbstverständlich liegen auch im Quartier die Strassen offen. Es muss ja noch Glasfaser verlegt werden. Und dabei entfallen – ganz im Sinne der Kundenfreundlichkeit – bis zu dreissig Quartierparkplätze.

So hat Lukas seine Schuldigkeit getan und lässt sich auf Ende 2019 pensionieren. Zum Abschied erhält er von den Bauunternehmungen der Region ein geländegängiges Elektroauto, mit dem man ohne Weiteres über temporäre Stahlplatten fahren kann. Bei der Abschiedsrede spricht er von einem «erfüllten Berufsleben» und stösst mit dem Chef auf seinen Ruhestand an.

Daneben steht Peter, sein Nachfolger. Mit einem Thunfischhäppchen in der linken Hand und einem Glas Weisswein in der rechten. Und wer genau hinschaut, entdeckt auf Peters Stirn eine kleine, unscheinbare Narbe. Sie sieht aus, als stamme sie von einem spitzen Gegenstand …

«Willkommen im Dominikushaus»: vor dem Haupteingang.

Ein Haus mit einem besonderen Geist
ROLF SPRIESSLER

Im Jahr 1969 eröffneten Dominikanerinnen an der Albert Oeri-Strasse 7 ein Altersheim und nannten es Dominikushaus. Dieses Jahr feierte das Haus, das inzwischen viele Veränderungen hinter sich hat, sein 50-Jahr-Jubiläum und plant einen Neubau im Dorf.

Die Entstehung des heutigen Pflegeheims Dominikushaus Riehen ist eng verbunden mit der Geschichte der Katholischen Kirche in der Gemeinde Riehen. Im Jahr 1911 wurde der Römisch-katholische Kultusverein Riehen gegründet – im Sinn einer Kirchenbaukommission im Hinblick auf die Errichtung einer eigenen katholischen Kirche. Im Jahr 1914 wurde die vormalige Missionsstation Riehen zu einer eigenen Pfarrei erhoben, mit der Herz-Jesu-Kapelle erhielt Riehen sein erstes katholisches Kirchgebäude und am Chrischonaweg 30 (heute Albert Oeri-Strasse 7) wurde zugleich ein Pfarrhaus errichtet.

Die aufstrebenden Riehener Katholikinnen und Katholiken suchten in der folgenden Zeit nach einem Standort für einen grösseren Kirchenbau und errichteten – inzwischen als Teil der Römisch-katholischen Gemeinde Basel – beim Pfaffenloh die St. Franziskus-Kirche, die am 25. Juni 1950 geweiht wurde und bis heute die katholische Kirche Riehens geblieben ist.

EINZUG DER DOMINIKANERINNEN
Mit dem Bezug der St. Franziskuskirche verliess die katholische Kirchgemeinde Riehen die bestehenden Gebäude am Chrischonaweg. Im Hinblick darauf hatte der Römisch-katholische Pfarrverein bereits im Jahr 1948 die Herz-Jesu-Kapelle mit dem dazugehörenden Pfarrhaus erworben, und zwar im Auftrag der Generaloberin der Kongregation der heiligen Katharina von Siena von King William's Town, Südafrika. Deshalb zogen im Jahr 1950 zehn Dominikanerinnen des damals 800 Schwestern zählenden, 1877 in der Südafrikanischen Kap-Provinz gegründeten Ordens in Riehen ein. So blieb die ‹Wiege› der modernen katholischen Kirchgemeinde Riehens ein Ort, wo der katholische Glaube gelebt und praktiziert wurde. In der Kapelle fanden weiterhin katholische Gottesdienste statt, nun für die dort lebenden Ordensschwestern.

Esssaal mit Blick auf die Terrasse.

«Schon im Jahr 1963, als ich als junge Frau für ein Jahr im alten Pfarrhaus in Riehen weilte, sprachen die Schwestern von ihrem Plan, ein Altersheim zu bauen», schreibt Schwester Josette Müller in der Jubiläums-Broschüre ‹50 Jahre Dominikushaus Riehen›, die im September 2019 erschienen ist. Schwester Josette kehrte später nach Riehen zurück und amtete von 1985 bis 2007 als Leiterin des 1969 eröffneten Altersheims. Sie ist noch heute regelmässig im Heim anzutreffen, wo sie mit den Bewohnerinnen und Bewohnern spricht, das Heimpersonal in der Seelsorge unterstützt und nicht zuletzt dafür sorgt, dass der Geist der Dominikanerinnen weiterhin im Heim präsent ist.

Im Lauf der Jahre musste sich das Dominikushaus den sich ständig ändernden Bedürfnissen und Anforderungen anpassen. Zu Beginn als Altersheim konzipiert, verfügte das Dominikushaus beim Amtsantritt von Schwester Josette Müller im Februar 1985 über 55 Altersheimplätze und schon damals über 22 Pflegeheimplätze. Die Pflegebetten waren Bestandteil der Spitalliste, deren Finanzierung wurde durch einen speziellen Vertrag geregelt. Im Heim arbeiteten rund 30 Personen und die Warteliste umfasste etwa 300 Namen.

Ab 1989 wurde die Alterspflege in Gemeinde und Kanton zunehmend koordiniert und vereinheitlicht. In diesem Jahr erfolgte die Gründung des Verbands der gemeinnützigen Alters- und Pflegeheime Basel-Stadt (VAP). Die Führung der Warteliste wurde von der Gemeinde übernommen. Die Pflegebedürftigkeit der neu eintretenden Bewohnerinnen und Bewohner aller Altersheime nahm zu, weil die Leute einerseits generell ein immer höheres Alter erreichten und weil sie – dank Pflegeangeboten wie Spitex und der Unterstützung durch Angehörige –

zunehmend länger zu Hause wohnen bleiben konnten. Das führte dazu, dass die Altersheime zu eigentlichen Pflegeheimen umgebaut wurden.

Diesem Trend folgte auch das Dominikushaus. Im Jahr 1992 erfolgte eine umfassende Sanierung des gesamten Gebäudes. Im Jahr 1996 führte das Heim ein erstes Pflegebedarfssystem ein, unterzog sich 1998 einer externen Qualitätskontrolle und liess sich 2004 erfolgreich ISO-zertifizieren.

VOM VEREIN DER DOMINIKANERINNEN ZUR PRIVATEN STIFTUNG
Nachdem die Zahl der Schwestern, die in den ersten Jahrzehnten den Alltag im Heim in ihrer Ordenstracht noch stark geprägt hatten, infolge von Alter und Nachwuchsproblemen stetig gesunken war, wurde der Verein der Dominikanerinnen, der bis dahin den Betrieb des Heimes getragen hatte, in eine private gemeinnützige Stiftung überführt. Dieser Stiftung Dominikushaus, der seit 2007 Regine Dubler als Präsidentin vorsteht, obliegt es heute, optimale Rahmenbedingungen für den geregelten Betrieb des Dominikushauses zu schaffen, die finanziellen Verbindlichkeiten zu überprüfen, die Beziehungen zu den Behörden zu unterstützen und zu pflegen und die Ausrichtung des Heimes stetig zu überdenken und weiterzuentwickeln.

In dieser Hinsicht befindet sich das Dominikushaus gegenwärtig in einer Umbruchphase. Einerseits lebt es bis heute sehr stark von seinem Charme, seiner relativen Abgeschiedenheit am Siedlungsrand – schon fast mitten in der Natur des Moostals –, seiner sehr persönlichen und herzlichen Atmosphäre und ganz allgemein vom gemütlichen Ambiente einer inzwischen etwas veralteten Einrichtung, die von vielen Bewohnerinnen und Bewohnern aber gerade wegen ihrer Antiquiertheit als besonders heimelig empfunden wird. Viele fühlen sich hier mehr ‹zu Hause› als in einem der vielen Heime, die in den letzten Jahren stark modernisiert oder neu gebaut worden sind.

Andererseits stellt die ‹Antiquiertheit› von Gebäude und Einrichtungen zunehmend ein Problem dar, weil damit die ständig steigenden Qualitätsansprüche und Leistungsstandards nicht mehr lange eingehalten werden können. Fakt ist, dass das Dominikushaus im Jahr 2019 den Anforderungen zwar noch genügt und auch äusserst beliebt ist, wovon die hohe Belegung zeugt, dass in den bestehenden Gebäuden aber längerfristig kein gesetzeskonformer Heimbetrieb mehr möglich sein wird.

Das ist der Heimleitung schon seit einigen Jahren klar. Deshalb wurden bereits 2008 erste Planungsarbeiten für einen Um- und Neubau des Dominikushauses am heutigen Standort in die Wege geleitet. Vorgesehen war zunächst auch ein grösserer Ausbau der Heimplätze. Die entsprechende Erweiterung der Gebäude stiess dann allerdings auf Widerstand bei der Anwohnerschaft und war in der Folge auch politisch zunehmend umstritten. Um sich nicht

Auf der erhöhten Sonnenterrasse.

in zeitraubende Verhandlungen mit ungewissem Ausgang zu verstricken, gab das Dominikushaus im Jahr 2016 die Aufgabe des Ausbauvorhabens am heutigen Standort bekannt und plant seither einen – gegenüber den ursprünglichen Plänen redimensionierten – Neubau auf einem Areal an der Immenbachstrasse in unmittelbarer Nähe zum Dorfkern.

DEN GEIST DES HAUSES INS NEUE HEIM MITNEHMEN

Ziel ist es, am neuen Ort trotz moderner und geräumiger Infrastruktur den Geist und die Atmosphäre des ‹alten› Dominikushauses zu erhalten. Darin sind sich alle einig. Auch Richard Widmer, seit 2015 Geschäftsleiter des Dominikushauses, ist gerade dieser Punkt ein grosses Anliegen. Zu den Besonderheiten des heutigen Heims, das aktuell über 62 Pflegeplätze verfügt, gehört die Beschäftigung eines eigenen Seelsorgers in der Person des katholischen Pastoralbegleiters Matthias Reif, der mit den Bewohnerinnen und Bewohnern in engem Kontakt steht und auch bei Nichtkatholiken und Menschen, denen der Glaube persönlich nichts bedeutet, als Gesprächspartner sehr beliebt ist. Ausserdem wirkt im Dominikushaus der evangelisch-reformierte Seelsorger Lukas Wenk, der im Auftrag der Evangelisch-reformierten Kirchgemeinde Riehen-Bettingen in mehreren Heimen tätig ist. Im Dominikushaus finden wöchentlich zwei bis drei öffentliche Gottesdienste statt, insbesondere am Samstag eine katholische Eucharistiefeier und mittwochs ein ökumenisch ausgerichteter Gottesdienst, in dessen Leitung sich die katholische und die reformierte Kirche abwechseln.

Verein, Stiftung und Geschäftsleitung

Die Trägerschaft des Dominikushauses war zu Beginn der Dominikus-Verein, der von 1969 bis 1999 unter dem Präsidium von Jan Bumbacher stand. 2000–2005 war Anita Friedlin Präsidentin des Vereins. Dann ging die Verantwortung für den Betrieb des Heimes an die neu gegründete Stiftung Dominikushaus über, was auch den Rückzug der Dominikanerinnen als alleinige Trägerinnen des Heims dokumentierte. Die vormalige Vereinspräsidentin Anita Friedlin wurde erste Stiftungsratspräsidentin. Dieses Amt übernahm im Jahr 2007 schliesslich die heutige Stiftungsratspräsidentin Regine Dubler.

Die ersten fünf Heimleiterinnen waren Schwestern des Dominikanerinnenordens: Sr. Annemarie Strobel (1969–1972), Sr. Hildelitta Ebner (1972–1976), Sr. Helene Lenz (1977–1983), Sr. Adelheid Hofstetter (1983–1984) und Sr. Josette Müller (1985–2007). Danach folgten in der Geschäftsleitung des Heims Helena Adams (2007–2010), Rolf Krüsi (2010–2014) und Richard Widmer (seit 2015).

Gerade in dieser religiösen Ausrichtung des Heims setzt sich die Tradition der Dominikanerinnen fort, die das Heim einst gegründet hatten. Gleichzeitig versteht es sich als für alle offene Institution und fasst den religiösen Rahmen nicht als Pflicht, sondern als Angebot auf. Oft gewinne der Glaube und die Suche nach dem Sinn des Lebens im hohen Alter zunehmend an Bedeutung, sagt Seelsorger Matthias Reiff, und da biete sich das persönliche Gespräch an, ganz unabhängig von Glaube und Religion. Auch sei es wichtig, die Bedürfnisse von Angehörigen, die nahe Verwandte im Heim hätten, nicht ausser Acht zu lassen und auch Hinterbliebene in ihrer Trauer zu begleiten.

Das Siegerprojekt eines Architekturwettbewerbs sieht nun den Neubau eines Pflegeheims mit 50 Plätzen sowie 10 Seniorenwohnungen vor. Realisiert werden soll dieses Projekt auf einer rund 3500 Quadratmeter grossen Baurechtsparzelle im Geviert Immenbachstrasse-Eisenbahnweg-Mohrhaldenanlage. Nach heutigem Planungsstand könnte der Neubau 2022 bezugsbereit sein.

QUELLEN
Michael Raith: Gemeindekunde Riehen, 2. überarbeitete und aktualisierte Aufl., Riehen 1988.
Rolf Spriessler: 50 Jahre Dominikushaus Riehen. Jubiläumsbroschüre, herausgegeben vom Dominikushaus Riehen, Riehen 2019.

Schützenswert: ein Rehkitz im hohen Gras in der Nähe des Entenweihers.

Aus dem ‹Bammert› wird ein ‹Ranger›

CHRISTINE KAUFMANN

Mit ‹Landschaftspark Wiese› wird heute das grenzüberschreitende Naherholungsgebiet entlang dem Flusslauf der Wiese zwischen Eglisee und der Landesgrenze zu Lörrach im Norden bezeichnet. Im ehemaligen Schwemmland stand früher die landwirtschaftliche Nutzung im Vordergrund, heute ist es Freizeitraum und Naturschutzgebiet, dient der Trinkwassergewinnung und auch immer noch der Land- wie der Waldwirtschaft. Seit dem Frühjahr 2019 kümmert sich ein Parkranger-Team um das Gebiet.

In vergangenen Jahrhunderten wurde die Flur in Riehen von Bannwarten kontrolliert. Sie hatten die Aufgabe, darüber zu wachen, dass sich niemand an fremdem Gut wie Holz oder Früchten vergriff oder das hohe Gras vor dem Mähen zertrampelte. Im ‹Jahrbuch z'Rieche› 1989 sind relativ grimmig dreinblickende Herren mit der Büchse unter dem Arm abgebildet, die zu Beginn des 20. Jahrhunderts diesen Dienst versahen.[1] Der letzte Flurbannwart, Hans Sulzer, ging 1983 in Pension. Seither nimmt ein Mitarbeiter der Gemeinde diese Aufgabe wahr, die sich hauptsächlich auf die Überwachung der Parkanlagen im Siedlungsgebiet konzentriert und kaum Zeit für die Kontrolle der freien Flur lässt.

Gleichzeitig nahm der Publikumsverkehr im Gebiet von den Langen Erlen bis Weilmatten enorm zu. Deshalb wurde immer wieder eine stärkere Kontrolle der Aktivitäten im sogenannten ‹Landschaftspark Wiese› gefordert, unter anderem auch bezüglich der zahlreichen Spaziergängerinnen und Spaziergänger mit Hunden.

ALLE HUNDE AN DIE LEINE

«Bald kommt die Leinenpflicht für Hunde», titelte die ‹Basler Zeitung› am 20. Juni 2013.[2] Auslöser dafür war folgende Mitteilung «Aus dem Gemeinderat»: «Der Landschaftspark Wiese ist ein äusserst beliebter Ort für Erholungssuchende aller Art. Eine besondere Anziehungskraft hat dieses Gebiet für Spaziergänger mit Hunden. Dies führt wiederholt zu Konflikten mit anderen Erholungssuchenden bezüglich Hygiene, Kindern, Fischern, Radfahrern und anderen. Eine regionale Arbeitsgruppe ist nun auf der Suche nach Lösungen. In diesem Zusammenhang unterstützt der Gemeinderat die IWB in ihrem Anliegen, den Leinenzwang für Hunde im gesamten Gebiet des Landschaftsparks Wiese während der Brut- und Setz-Zeit einzuführen.» Die ‹Basler Zeitung› postulierte: «[S]o viel steht fest: Die Pflicht, die Hunde an die Leine zu nehmen, wird kommen.»

Der Artikel rief emotionale Reaktionen hervor. Die damals für den Bereich Umwelt zuständige Gemeinderätin Irène Fischer-Burri (SP) musste sich einiges anhören, wie sie erzählt: «Ich erhielt einige sehr unfreundliche E-Mails, interessanterweise vor allem von auswärtigen Hundehaltenden, die in die Langen Erlen zum Spazieren kamen. Sie meinten gar, jemand wie ich sollte nicht mehr gewählt werden.» Auch in der Leserbriefspalte der ‹Riehener Zeitung› wurde das Thema aufgenommen. Hier richtete sich die Aufmerksamkeit aber auch noch auf andere Aspekte der vielfältigen Nutzung in den Langen Erlen, wie zum Beispiel das Velofahren auf unbefestigten Wegen und das unzulässige Betreten der Grundwasserfassungsbereiche. Der Autor des BaZ-Artikels folgerte am Schluss: «Selbst wenn der Leinenzwang kommt, dessen Durchsetzung dürfte die Behörden vor Probleme stellen. Eigentlich hätten das die Parkranger tun können, doch wann diese die Arbeit aufnehmen – ja, ob sie es überhaupt tun –, ist alles andere als sicher. Das Parkrangerprojekt ist zurzeit auf Eis gelegt.»

Inzwischen liegt das Projekt nicht mehr auf Eis, sondern ein Ranger bewegt sich quicklebendig im Landschaftspark Wiese. Und es beschäftigt ihn mehr als nur das Thema Hunde.

DIE WIESE-INITIATIVE ALS URSPRUNG

Wie ist es dazu gekommen, dass heute grüngewandete «Flurpolizisten» in den Langen Erlen dies- und jenseits der Grenze unterwegs sind? Nach meinem Amtsantritt in der Legislatur ab 2014 war das Thema Leinenpflicht nach wie vor virulent. Es gab aber auch anderes Konfliktpotenzial: illegale Partys und Abfälle, Radfahrende im Fahrverbot, Trampelpfade quer über die Felder, Sonnenbadende im hohen Gras, um nur das Wichtigste zu nennen. Naherholung, Naturschutz, Trinkwassergewinnung, Land- und Waldwirtschaft: Die vielen Ansprüche an die Wieseebene beschäftigten alle am Landschaftspark Wiese beteiligten Gebietskörperschaften gleichermassen – Basel-Stadt, Riehen und Weil am Rhein. Der Versuch einer verstärkten Öffentlichkeitsarbeit über die lokalen Medien erreichte und sensibilisierte vielleicht die Bevölkerung vor Ort. Die vielen Besucherinnen und Besucher aber, die von auswärts in die Langen Erlen strömen, bekamen von diesen Anstrengungen wenig mit. Um sie zu erreichen, muss jemand vor Ort sein wie früher der Bannwart.

Am Anfang dieser Geschichte stand die Wiese-Initiative: Aus dem Widerstand gegen den Bau der Zollfreien Strasse geboren, wurde die Initiative «Zum Schutze der Naturgebiete entlang des Flusslaufs der Wiese als Lebensraum wildlebender Pflanzen und Tiere sowie als Naherholungsraum» am 12. Februar 2006 mit 58,2 Prozent Ja-Stimmen im Kanton Basel-Stadt angenommen – wenige Tage, nachdem die Arbeiten für die Zollfreie Strasse begonnen hatten. Die Regierung tat sich schwer mit der Ausarbeitung einer Vorlage zu dieser Initiative und beschränkte sich zunächst darauf, dem Grossen Rat als konkrete Massnahmen verschiedene Revitalisierungsprojekte in der Wiese-Ebene vorzulegen, wollte jedoch nicht wie verlangt einen weitergehenden Schutz des Gebietes gesetzlich verankern. Der zum Ratschlag[3] berichtenden Umwelt-, Verkehrs- und Energiekommission (UVEK) des Grossen Rates ging das zu wenig weit. Sie forderte, dass der bereits 2001 erlassene Richtplan ‹Landschaftspark Wiese› in den nächsten Zonenplan zu integrieren sei. Das beschloss der Grosse Rat so am 12. November 2008.

Zudem wollte das Parlament ein konkretes Konzept zur Erholungsnutzung und zur ökologischen Aufwertung im Landschaftspark. Der Regierungsrat legte dem Grossen Rat am 12. Januar 2011 das Erholungsnutzungskonzept vor.[4] Erarbeitet hatte es die grenzüberschreitende Arbeitsgruppe ‹Landschaftspark Wiese› unter der Leitung von Franz L. Schmidli vom Hochbau- und Planungsamt Basel-Stadt. Der Kanton, die Gemeinde Riehen und die Stadt

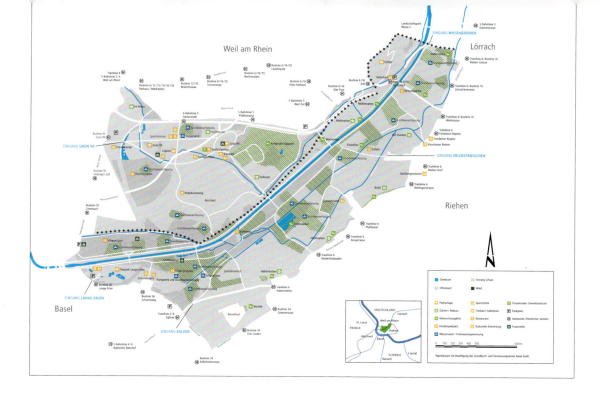

Weil am Rhein beschlossen es behördenverbindlich. Das Erholungskonzept nennt als übergeordnete Zielsetzung: «Durch die Steuerung der Erholungsnutzung soll die regionale Bedeutung des Landschaftsparks Wiese erhöht und der gemeinschaftliche Zusammenhalt gefördert werden.»

DER RANGER: EIN MODERNER FLURBANNWART

In diesem Papier taucht zum ersten Mal der Begriff ‹Ranger› auf. Im regierungsrätlichen Schreiben an den Grossen Rat heisst es: «Für verschiedene Aufgaben (Besucherbetreuung, Aufklärungs- und Öffentlichkeitsarbeit, Pflege- und Reparaturarbeiten, Überwachung und Schutz, wissenschaftliche Arbeiten) innerhalb des Landschaftspark Wiese ist der Einsatz von Rangern zu prüfen.»

Ein eigener Punkt ist dem «Koordinationsthema Hunde» gewidmet. Wie soll mit den Vierbeinern umgegangen werden: generelle oder punktuelle Leinenpflicht, Spezialgebiete oder gar keine Regelung? Schliesslich wird ein zweistufiges Vorgehen vorgeschlagen. Zuerst soll sensibilisiert, verstärkt kontrolliert und dabei auf die Durchsetzung der bestehenden Regelungen wie der Kotaufnahmepflicht geachtet werden. Erst wenn diese Massnahmen versagen, sollen restriktivere Gebote oder Verbote erlassen werden. In der ersten Stufe – Sensibilisierung, Aufklärung und Kontrolle – spielt der Ranger eine wichtige Rolle. Auch für andere Konfliktthemen wurde er zum Hoffnungsträger. Zunächst galt es aber erst einmal, die Finanzierung eines solchen Rangerdiensts zu gewährleisten. Da die nötigen Beschlüsse nicht in der Kompetenz der Arbeitsgruppe lagen, wurde im Jahr 2016 ein politisches Steuerungsgremium für den Landschaftspark Wiese eingesetzt. Sie besteht aus Regierungsrat Hanspeter Wessels (BS), Gemeinderätin Christine Kaufmann (Riehen; Vorsitz), Bürgermeister Christoph Huber (Weil am Rhein) sowie

Vielfalt in der Wieseebene: Landwirtschaft und Trinkwassergewinnung sowie eine reiche Fauna.

Das Rangerteam des Landschaftsparks Wiese mit Martha Koelbing, Yannick Bucher und Raphael Böhm bei der Amtseinsetzung.

bis 2018 Bürgermeister Michael Wilke (Lörrach) respektive seiner Nachfolgerin Bürgermeisterin Monika Neuhöfer-Avdic. Die von der politischen Steuerung verabschiedete Vorlage für das Projekt ‹Ranger› wurde vom Gemeinderat Riehen, dem Grossen Rat des Kantons Basel-Stadt und dem Gemeinderat Weil am Rhein im Herbst 2017 bewilligt. Die Summe von 360 000 Franken für die Finanzierung von 100 Stellenprozent während 3 Jahren inklusive Arbeitsplatz und Ausrüstung tragen zu 60 Prozent der Kanton Basel-Stadt und zu je 20 Prozent die Körperschaften Riehen und Weil am Rhein. Freilich stiess das Vorhaben nicht nur auf Wohlwollen, sondern die Installation eines «Umweltpolizisten» rief teilweise auch Skepsis hervor.[5]

Die Ausschreibung des Dienstleistungsauftrags für den Rangerdienst hatte den gesetzlichen Anforderungen sowohl schweizerischer wie deutscher Grundlagen zu entsprechen – ein zweistufiges, offenes Verfahren nach GATT / WTO mit entsprechend hohen formellen Hürden. Mit der Offerte zu überzeugen vermochte die Firma Hintermann & Weber AG aus Reinach BL. Sie konnte mit dem Hauptranger Yannick Bucher einen erfahrenen Parkranger mit den nötigen Qualifikationen stellen, der bereits in zwei vergleichbaren Gebieten – Greifensee und Reinacherheide – tätig gewesen war. Unterstützung sollte er von zwei Mitarbeitenden des Trinationalen Umweltzentrums (TRUZ) erhalten. Als vorgesetzte Stelle und Ansprechpartnerin in der Verwaltung wurde die Fachstelle Umwelt der Gemeinde Riehen (Salome Leugger) gewählt.

Nach der Auftragsvergabe folgte in der zweiten Jahreshälfte 2018 eine intensive Vorbereitungsphase. Sie beinhaltete einerseits die Erarbeitung von grenzüberschreitend anwendbaren Einsatzrichtlinien: Welche Verstösse und unerwünschten Verhaltensweisen sind im Landschaftspark Wiese zu erwarten? Welche Befugnisse haben die Ranger, wie reagieren sie wann? Welche Netzwerkpartner sind einzubinden und wann sind welche anzusprechen? Welche gesetzlichen Grundlagen gelten in der Schweiz, welche im deutschen Gebiet? Andererseits nutzten die Ranger die Zeit, sich allen Beteiligten vorzustellen und bereits vor ihrer ‹aktiven Phase› das professionelle Netzwerk aufzubauen. Das war nicht zuletzt deshalb wichtig, weil die Ranger keine polizeilichen Befugnisse haben und bei Bedarf rasch auf die zuständigen Stellen zurückgreifen müssen.

Am Wochenende vom 23./24. Februar 2019 war es dann so weit: Die Ranger Yannick Bucher und Raphael Böhm sowie die Rangerin Martha Koelbing präsentierten sich an zwei Anlässen der Bevölkerung und informierten zum ersten Mal aus erster Hand über ihre Tätigkeit. Am 1. März traten sie ihren Dienst offiziell an. Der Start der Projektumsetzung wurde weiterum in der Presse reflektiert, insbesondere die Einmaligkeit eines grenzüberschreitenden Rangerdiensts fand Beachtung.[6]

DIE ERSTEN ZEHN WOCHEN IM DIENST

Zum Abschluss lassen wir Yannick Bucher berichten, wie er die ersten zehn Wochen im Amt erlebt hat: «Wir sind gut gestartet, und es hat sich sehr ausbezahlt, dass wir uns Zeit gelassen haben für die Vorbereitung mit vielen Gesprächen und Kontakten. So konnten wir uns schon ein Bild machen über die Hauptsorgen der Akteure im Landschaftspark Wiese. Zum Beispiel haben wir alle Bauern, die auf Schweizer Gebiet Land bewirtschaften, getroffen. Dabei haben wir gehört, dass die Trampelpfade quer durch die Felder ein grosses Problem darstellen, und können jetzt Personen gezielt darauf ansprechen und sie dafür sensibilisieren, dass von diesen Feldern eben geerntet wird. Dasselbe gilt für die Trampelpfade entlang den Bächen mit ihren sehr sensiblen Uferzonen. Ein weiteres grosses Thema sind die Velofahrer auf Wegen mit Fahrverbot, auch Hunde, die frei laufen gelassen werden, wo sie das nicht sollten. Mit illegalen Partys oder deren Hinterlassenschaften sind wir natürlich auch konfrontiert. Und immer müssen wir natürlich wissen, was nun wo genau gilt, es gibt kaum Regeln, die einfach über das ganze Gebiet gelten. Das ist nur ein kleiner Ausschnitt aus unseren Aufgaben – wir sollten uns um sehr vieles kümmern, und daneben schauen, dass die Vermittlungs- und Umweltbildungsarbeit nicht zu kurz kommt. Aber uns fällt auf, dass uns Rangern hier mit grossem Respekt begegnet wird, das ist in anderen Gebieten anders.»
Sicher bis 2021 sind die Ranger nun in der Wieseebene unterwegs. Ob die Weiterführung des Projekts Sinn macht, soll eine begleitende Evaluation aufzeigen. Auch wenn der ‹Bammert› heute als Ranger und ohne Gewehr durch das Gebiet streift, die Aufgaben gehen ihm oder ihr vorläufig nicht aus.[7]

---

[1] Hans Schultheiss: Vom Bämmertli Jerg, Stümpli Sämi and andere Bammert, in: z'Rieche 1989, S. 162–171.

[2] Mischa Hauswirth: Bald kommt die Leinenpflicht für Hunde, in: Basler Zeitung, 20.06.2013, URL: www.bazonline.ch/basel/stadt/bald-kommt-die-leinenpflicht-fuer-hunde/story/12282539, Zugriff: 22.07.2019.

[3] Ratschlag zur Umsetzung der unformulierten Initiative «Zum Schutz der Naturgebiete entlang des Flusslaufs der Wiese als Lebensraum wildlebender Pflanzen und Tiere sowie als Naherholungsraum» und Bericht der UVEK, 12.11.2008, URL: www.grosserrat.bs.ch/de/geschaefte-dokumente/datenbank?such_kategorie=1&content_detail=200102356, Zugriff: 22.07.2019.

[4] Regierungsratsbeschluss vom 12.01.2011, Umsetzung der unformulierten Initiative «Zum Schutz der Naturgebiete entlang des Flusslaufs der Wiese als Lebensraum wildlebender Pflanzen und Tiere sowie als Naherholungsraum» (Wiese-Initiative), URL: www.grosserrat.bs.ch/dokumente/100371/000000371243.pdf?t=15611203582019062114238, Zugriff: 22.07.2019.

[5] Alexander Müller: Basel erhält eine Umweltschutzpolizei, in: Basler Zeitung, 19.10.2017, URL: www.bazonline.ch/basel/stadt/basel-erhaelt-eine-umweltschutzpolizei/story/23600214, Zugriff 22.07.2019.

[6] Darunter Radio SRF, Regionaljournal Basel Baselland, 01.02.2019, URL: www.srf.ch/play/radio/regionaljournal-basel-baselland/audio/ein-binationales-rangerteam-fuer-den-landschaftspark-wiese?id=74bffd23-60af-49b5-a3c0-5a12f1c84edb, Zugriff: 22.07.2019.

[7] Aktuelle Informationen finden sich auf der Website www.landschaftsparkwiese.info. Ein grosser Dank geht an Silvan Aemisegger, Projektleiter im Planungsamt des Bau- und Verkehrsdepartements Basel-Stadt und profunder Kenner des Landschaftsparks Wiese, für die sorgfältige und ausführliche Dokumentation, ohne die dieser Artikel nicht hätte entstehen können.

Gemeinderätin Christine Kaufmann, Kulturpreisjury-Präsident Herbert Matthys und Gäste lauschen dem musikalischen Beitrag mit Schlagzeuger Gregor Hilbe, der norwegischen Jazzmusikerin Hildegunn Øiseth und dem Obertonsänger Christian Zehnder.

Die Magie der Rhythmen

DOMINIK HEITZ

Seit Jahrzehnten ist er auf der Suche nach dem Ursound: Jetzt hat die Gemeinde Riehen dem Schlagzeuger Gregor Hilbe den Kulturpreis Riehen 2018 verliehen.

Mit einem Preis ausgezeichnet zu werden, ist für gewöhnlich Lob und Anerkennung zugleich. Für den Schlagzeuger Gregor Hilbe, der dies unter anderem schon bei der Vergabe des deutschen Schallplattenpreises und Weltmusikpreises 2006 erfahren durfte, hat sich nun dieser glückliche Moment erstmals in seinem Wohn- und Heimatort Riehen abgespielt. Und als er an jenem Abend des 24. Juni im Park der Fondation Beyeler den mit 15 000 Franken dotierten Riehener Kulturpreis entgegennehmen konnte, platzte es aus ihm heraus: «Es ist unglaublich, wunderschön – und ich freue mich irrsinnig, diesen Preis hier zu kriegen.»

Was geht einem in diesem Moment durch den Kopf? Höhepunkte in der eigenen Karriere? Die Kindheit? Riehen und die ersten musikalischen Schritte? Oder gleich das ganze bisherige Leben im Zeitraffer? Der 51-jährige Perkussionist und Musikpädagoge, der seit drei Jahren die Jazz- und Popabteilung an der Zürcher Hochschule der Künste leitet, ist schon weit herumgekommen in der Welt – London, Paris, Wien, New York, Japan, Korea.

Doch begonnen hat alles in Riehen. Hier ist ihm als kleines Kind von seinen Grossvätern erzählt worden: vom einen, der als Schlagzeuger durch den Westen zog, vom anderen, der als Pianist im Osten unterwegs war, Stummfilme für die Kinos vertonte und später unter dem Begriff ‹Relaxation Of Nerves› entspannende Musik kreierte und sie auf Tonbandkassetten verkaufte.

DRUMSET UND SYTHESIZER

Am Anfang wusste Gregor Hilbe noch nicht so recht, auf welche Schiene ihn die Musik ziehen würde. Seine Eltern nahmen ihn als Bub und Jugendlichen mit zu Jazzkonzerten im ‹Atlantis› und ans Jazzfestival von Montreux. Dort schaute er den Schlagzeugern einiges ab und brachte sich das Spiel mit dem Drumset selber bei. Zusätzlich nahm er Schlagzeugstunden an der Musik-Akademie Basel und später beim weltberühmten Jojo Mayer in Zürich. Gregor Hilbe hatte aber auch ein Faible für elektronische Klänge aus dem Synthesizer. Und weil ja letztlich jeder Musiker im Verbund mit anderen in der Öffentlichkeit spielen will, gründete er zusammen mit seinem Bruder Alex und Freunden eine Band. Dazu fand er in der Freizeitanlage Landauer einen geeigneten Proberaum.

Nebenher sog Gregor Hilbe aber noch mehr auf: Er lernte bei der Fasnachtsclique ‹Glunggi› das Piccolo-Spiel und später bei den ‹Basler Dybli› das Trommeln – eine Sparte, die er zwar bald wieder aufgeben sollte, die sich ihm aber im Laufe seines Lebens immer mal wieder in Erinnerung rufen sollte. Und zwar zuerst in Graz. Eigentlich wollte er nach der Matur nach Amerika und sich dort als Schlagzeuger ausbilden lassen, doch finanziell lag das nicht drin. Die beiden einzigen Orte in Europa, wo sich ein Perkussionist mit aktuellen Strömungen auseinandersetzen konnte, waren das niederländische Hilversum und das österreichische Graz.

Am Tag nach der Matur am Bäumlihof-Gymnasium besorgte er sich ein Interrail-Ticket und fuhr nach Graz, um sich dort innerhalb von vier Jahren an der Universität für Musik und darstellende Kunst zum Schlagzeuger ausbilden zu lassen. Prompt wurde der Riehener auf das Basler Trommeln und die Berger-Notation angesprochen, die dort kursierte.

WANDERJAHRE IN PARIS

Insgesamt 17 Jahre verbrachte Gregor Hilbe im Ausland. Nach Graz folgte im Jahr 1991 eine rund zehnjährige Zeit in Paris, wo er als professioneller Musiker zu spielen begann und es mit dem Jazzsänger Mark Murphy, einem seiner wichtigsten Mentoren, zu mehreren Produktionen kam. In der Pariser Zeit hatte er auch ein mehrjähriges Engagement beim Vienna Art Orchestra, das während seines Bestehens (1977–2010) als eines der innovativsten und erfolgreichsten Ensembles der jüngeren Jazzgeschichte galt. Gregor Hilbe war zudem Mitgründer des Pariser Kollektivs ‹ToySun› und des Trios ‹République Electrique›, bevor er für drei Jahre seinen Wohnsitz nach London verlegte.

Die Liste von Gregor Hilbes Engagements lässt sich leicht erweitern. Als Freelancer war er unter anderem an Projekten mit Künstlern wie dem Sänger Theo Bleckman, dem Gitarristen Nguen Lê, dem Trompeter Nils Petter Molvaer und der Sängerin Sheila Jordan beteiligt. Er arbeitete mit dem Sänger und Pianisten Andy Bey zusammen, aber auch mit Grössen wie etwa dem Saxophonisten Dave Liebman, dem Sänger Kurt Elling oder der Sängerin Monica Zettlund. Und aus seiner einflussreichen Begegnung mit dem Master-Drummer Tony Allen entstanden in den 1990er-Jahren Arbeiten für das Label ‹Comet Records›.

Zurück in der Schweiz, produzierte er mit der Band ‹Tango Crash› vier CDs, mit denen er den deutschen Schallplattenpreis sowie den Weltmusikpreis 2006 erhielt.

Später wurde die Arbeit im Oloid-Duo zusammen mit Obertonsänger Christian Zehnder zu einer sehr wichtigen Erfahrung. Urtönen spürten die beiden in ihren Klangprojekten nach. Da konnte eine Komposition mit dem Geräusch von Wassertropfen beginnen, sich über spezielle Blasrohrklänge weiterentwickeln, im ewig gleichen Rhythmus Cello- und ‹Schwyzerörgeli›-Töne aufnehmen, mundorgel- und jodelartige Klänge integrieren und in den warmen Tönen von hölzernen Orgelpfeifen ihren Abschluss finden.

Die Suche nach dem Ursound – das ist für Gregor Hilbe etwas Grundlegendes. «Rhythmische Kulturen haben etwas sehr Verbindendes», sagt er. Und um diese Kulturen zu erfahren, geht er weltweite Wege. In Korea setzte er sich mit ‹Samulnori› auseinander, einer traditionellen Perkussionsmusik, die auf vier verschiedenen Trommeln basiert. Er war auch in Japan – und in Zentralafrika besuchte er ein Pygmäen-Volk, bei dem ungeschriebene Musik und Rhythmen fester Bestandteil des alltäglichen Lebens sind.

Freude über die Auszeichnung – Gregor Hilbe hält die ihm von Gemeinderätin Christine Kaufmann überreichte Kulturpreis-Urkunde in die Höhe.

DURCHDRINGENDE SCHLÄGE

Bei all diesen Begegnungen geht es Gregor Hilbe nicht darum, diese urtümliche Musik in seinen Kompositionen zu adaptieren. Er will vielmehr die Magie der Rhythmen begreifen lernen. In seiner Laudatio auf den Riehener Kulturpreisträger erklärte Christian Zehnder das so: «In seiner Musik scheint man die durchdringenden Schläge von ritueller Musik genauso zu vernehmen wie die urbanen Beats grossstädtischer Zeremonienmeister nächtlich ekstatischer Tanzpaläste.» Und fügt hinzu: «Überhaupt hat Gregor die Grenzen zwischen Jazz, archaischer und urbaner Musik nie gescheut. Er hat es verstanden, sie auf seine ganz originäre und äusserst intelligente Weise zu entwickeln, und hat die Elektronik und seine Beats schon in ganz jungen Jahren in sein Set-up integriert und bis in die Gegenwart beispiellos weiterentwickelt.»

Um dies auch weiterhin zu tun, spielt der Freelancer immer wieder in kleinen oder grösseren Ensembles. Aber eben: Als zweites Standbein leitet er die Jazz- und Popabteilung an der Zürcher Hochschule der Künste. Zuvor hat er am Basler Jazzcampus den Studiengang ‹Producing und Performing› entwickelt. In der ‹Neuen Zürcher Zeitung› hiess es, er wolle die Jazz- und Popabteilung in Zürich als möglichst offene Institution begreifen, als «Biotop» oder eine «Gemeinschaft», die nach aussen in Kontakt bleiben solle mit Klubs wie ‹Mehrspur›, ‹Exil›, ‹Moods›, aber auch mit Musikschulen in Bern, Basel, Lausanne und mit Musikszenen im benachbarten Ausland. Aber wichtig sei es auch, Kontakte fürs ganze Musikerleben zu knüpfen – mit Studierenden ebenso wie mit Lehrenden. Wenn Gregor Hilbe heute einen neuen Studierenden-Jahrgang begrüsst, sagt er den Nachwuchstalenten jeweils: «Schaut euch gut um, ihr werdet nun ein Leben lang zusammengehören.»

Gruppenbild der Juventas-Mitglieder auf dem Dorfplatz anlässlich der Sportpreisverleihung am 3. Juni 2019 mit Gemeinderätin Christine Kaufmann (vorne Mitte) und Juventas-Präsident Dominik Faber (rechts daneben mit Urkunde).

Im Mekka des Schweizer Bogenschiesssports

ROLF SPRIESSLER

Die Bogenschützen Juventas Basel-Riehen sind in jüngster Zeit zum führenden Schweizer Verein im olympischen Recurve-Bogenschiesssport aufgestiegen. Sie haben nationale Titel und Rekorde gesammelt, waren an Europa- und Weltmeisterschaften vertreten und sind Anfang Juni 2019 mit dem Sportpreis der Gemeinde Riehen für das Jahr 2018 ausgezeichnet worden.

Als der Verein der Bogenschützen Juventas Basel am 26. Januar 1974 gegründet wurde, ging es in erster Linie darum, Bogenschiessen als Schulsport zu etablieren und den Nachwuchs für diese noch relativ unbekannte Sportart zu sichern. Das Bogenschiessen war bereits von 1900 bis 1908 und dann nochmals 1920 Teil des olympischen Programms gewesen. Erst 1972 in München wurde es wieder olympisch – und ist es seither geblieben. Mitte der 1970er-Jahre ging es also nicht zuletzt darum, das damals wieder neu als olympiawürdig erachtete Bogenschiessen innerhalb der Schweiz als ernstzunehmende Sportart zu etablieren und vom Image des ‹Indianerlis›-Spielens und der Robin-Hood-Romantik zu lösen.

Zu den Vorkämpfern des sportlichen Bogenschiessens in der Schweiz gehörte damals Othmar Klopfstein, der Schülerkurse organisierte, zu den ersten diplomierten Bogenschiesstrainern der Schweiz gehörte und erster Technischer Leiter des frisch gegründeten Vereins wurde. Gründungspräsident war Roland Probst, der dem Verein während 14 Jahren vorstand und sich auch auf nationaler Ebene engagierte, als der Schweizerische Bogenschiessverband in eine Führungskrise geraten war. Komplettiert wurde der Gründungsvorstand von Juventas durch Monika Niederhauser, Gilbert Fahrni und Karl Florian. Insgesamt 16 Mitglieder hatte der Verein am Gründungstag.

DIE JUGEND IM VEREINSNAMEN

Das erklärte Ziel der Jugendförderung schlug sich auch im Vereinsnamen nieder – mit ‹Juventas› wurde die römische Göttin der Jugend zur Namenspatin erkoren. Juventas hatte den offiziellen Vereinssitz zwar zunächst in Basel, war aber schon immer in Riehen zu Hause, denn im Stettenfeld konnte der Verein ein Gelände übernehmen, auf dem schon in den Jahren zuvor das Bogenschiessen gepflegt worden war. Der junge Verein profitierte von einer grosszügigen Starthilfe eines Sportgeschäfts, stellte noch im Herbst des Gründungsjahrs im Stettenfeld ein Klubhaus auf und rüstete den Schiessplatz mit Zielscheiben und weiteren Einrichtungen aus.

In Zusammenarbeit mit lokalen Sportgeschäften und weiteren Vereinen der Region präsentierte Juventas in den Jahren nach der Vereinsgründung das Bogenschiessen im Rahmen der Basler Herbstmesse. Dass die Weltmeisterschaften 1975 in Interlaken ausgetragen wurden, machte die Sportart auch in der Schweiz bekannter und populärer. So fand das Bogenschiessen sogar Aufnahme in den freiwilligen Schulsport. In der Folge erhielt Juventas die Gelegenheit, in den Räumlichkeiten des Schweizerischen Paraplegikerzentrums in Basel ein Indoor-Trainingszentrum einzurichten. Damit wurde neben dem Haupttraining, das im Stettenfeld unter freiem Himmel stattfand, auch ein regelmässiges Wintertraining möglich, was vor allem für die sportlich ambitionierten Vereinsmitglieder wichtig war.

Bald wurde der junge Verein auch Mitorganisator des Internationalen Turniers um den Goldenen Bogen von Basel. Im Jahr 1979 gab es an diesem ‹Heimturnier› auf den Sportanlagen St. Jakob einen ersten sportlichen Erfolg zu feiern, nämlich einen Podestplatz im Teamwettkampf gegen internationale Konkurrenz.

RECURVE-WELTMEISTERSCHAFTEN UND COMPOUND-SCHWEIZERMEISTERTITEL

In den 1980er-Jahren folgten erste grössere sportliche Erfolge an nationalen Meisterschaften und erste internationale Einsätze mit dem Recurve-Bogen. Im Jahr 1981 gewann die Juventas-Schützin Rita Kappeler an den Schweizermeisterschaften eine Bronzemedaille und sechs Vereinsmitglieder fanden Aufnahme ins Schweizer Nationalkader. Neben Rita Kappeler, die B-Kader-Athletin wurde, waren dies als C-Kader-Angehörige Cornelia Kappeler, Rita Lauria, Martin Geyer, Daniel Oeschger und Angelo Vasile. Im Jahr 1982 wurde mit Dominik Faber erstmals ein Juventas-Mitglied Junioren-Schweizermeister und im Oktober 1983 errang Angelo Vasile als erster Juventas-Schütze den Elite-Schweizermeistertitel. Vasile nahm in der Folge an den Weltmeisterschaften in Los Angeles (USA) teil und belegte dort den 45. Platz.

Juventas erlebte daraufhin eine erste Blütezeit sportlicher Erfolge. Im Jahr 1984 feierte der Verein nicht nur das zehnjährige Bestehen. Es war auch das Jahr, in dem er die ersten zwei Team-Schweizermeistertitel errang, und zwar draussen durch Dominik Faber, seine heutige Ehefrau Rita Lauria und seinen Bruder Christoph Faber und in der Halle durch Dominik Faber, Christoph Faber und Angelo Vasile. Die zunehmenden Erfolge boten Anlass, das Schiessgelände im Stettenfeld zu verbreitern und das Angebot für Wettkampf- und Hobbyschützinnen und -schützen beträchtlich auszubauen. Juventas feierte weitere Nachwuchs-Schweizermeistertitel und Elite-SM-Medaillen; die Faber-Brüder Dominik und Christoph fanden Aufnahme ins Schweizer Nationalteam und nahmen an den FITA-Europameisterschaften teil, die 1986 in der Türkei stattfanden. Juventas erhielt damals auch Zuwachs von Mitgliedern, die dem Jagdschiessen frönten (mit Wettkämpfen im Gelände auf Tierattrappen) oder dem Schiessen mit dem Blankbogen, das sich am japanischen Zen-Bogenschiessen orientiert.

Zu jener Zeit wurden die offiziellen Bogenschiess-Wettkämpfe noch nach dem FITA-System ausgetragen: Es wurde auf vier verschiedene Distanzen eine bestimmte Anzahl Pfeile geschossen, auf jede Distanz jeweils gleich viele. Das war zwar ein sehr faires, aber auch sehr zuschauerunfreundliches System, da es praktisch unmöglich war, den Wettkampfverlauf zu verfolgen, wenn alle gleichzeitig schossen. Das Publikum konnte seine Aufmerksamkeit also nur auf einen einzelnen Athleten oder eine Athletin fokussieren oder einfach die spannende Atmosphäre geniessen. Vor allem für Meisterschaften, die im Fernsehen übertragen werden sollten, war das natürlich nicht sehr attraktiv.

Für die FITA-Europameisterschaften des Jahres 1988 in Luxembourg qualifizierten sich gleich drei Juventas-Mitglieder, nämlich Rita Lauria, Dominik Faber und Angelo Vasile. In der Qualifikationsrunde belegte Rita Lauria mit aussergewöhnlichen 1285 Punkten den 3. Rang. In der Finalrunde reichte es dann aber leider doch nicht für eine Medaille.

Im Sog der erfolgreichen Recurve-Schützen schaffte mit Jeff Abt auch ein Juventas-Mitglied mit dem international zunehmend aufkommenden, aber nach wie vor nicht olympischen Compound-Bogen den Sprung an die nationale Spitze. Im Gegensatz zum Recurve-Bogen wird die Zugkraft beim Compound-Bogen durch ein Rollensystem umgelenkt, damit der Schütze bei voll gespanntem Bogen nur noch einen kleinen Teil der Zugkraft selber halten muss. Damit kann der Schütze ruhiger zielen. Da hier auch die Kraft, die beim Loslassen der Sehne auf den Pfeil wirkt, wesentlich grösser ist als beim Recurve-Bogen, fliegt der Compound-Pfeil schneller, wird durch äussere Einflüsse und die Schwerkraft weniger abgelenkt und hat eine höhere Durchschlagskraft. Deshalb lässt sich mit dem Compound-Bogen auf grössere Distanz präziser schiessen. Jeff Abt wurde mehrmals Compound-Schweizermeister, nahm an den Weltmeisterschaften in Indonesien teil und wurde in England Fünfter der Hallen-Weltmeisterschaft.

Juventas war inzwischen zum zweitgrössten Bogenschiessklub der Schweiz aufgestiegen und gewann im Jahr 2002 erstmals die drei sportlich bedeutendsten Schweizermeistertitel: im Recurve Einzel der Männer durch Dominik Faber, im Recurve-Einzel der Frauen durch Rita Faber-Lauria und mit dem Recurve-Team in der Besetzung Dominik Faber, Rita Faber und Angelo Vasile. Im Vereinsvorstand hatte das Präsidium über Marcel Faber zu Felix Meier gewechselt und im Jahr 2004 trat mit Dominik Faber einer der der bis heute erfolgreichsten Sportler des Vereins an die Vereinsspitze.

Adrian Faber am Turnier um den Goldenen Bogen von Basel 2019 im Leichtathletikstadion St. Jakob.

VOM SCHIESSMARATHON ZUM SCHÜTZEN-DUELL

In den folgenden Jahren wurde die Wettkampfform des Bogenschiessens revolutioniert. Man hatte nach Wegen gesucht, das Bogenschiessen für das Publikum attraktiver zu machen und die Komponente eines sportlichen Zweikampfs hereinzubringen. Deshalb wurden die Distanzen vereinheitlicht. Standard-Wettkampfdistanz der Elite – Männer wie Frauen – sind heute 70 Meter. Geschossen wird eine Qualifikation mit zweimal 36 Pfeilen. Eine definierte Anzahl der Teilnehmenden erreicht die Finalrunde, für die ein Tableau erstellt wird, ähnlich wie im Tennis, wobei die Besserplatzierten der Qualifikation jeweils auf Schlechterklassierte treffen. Es finden nun K.-o.-Runden statt bis zum Bronze-Match der Halbfinalverlierer und dem Gold-Final um den Turniersieg. Bei grossen Turnieren werden die letzten Runden einzeln vor Publikum geschossen, und zwar in Sätzen zu jeweils drei Pfeilen. Ein Satz-Sieg bringt zwei Punkte, ein Unentschieden je einen. Wer zuerst fünf Punkte erreicht, gewinnt. Bei einem 5:5 gibt es ein Stechen mit je einem Pfeil – wer näher beim Zentrum ist, gewinnt.

Mit diesem neuen System ist es nicht mehr entscheidend, über alle Pfeile hinweg eine Toppunktzahl zu erreichen. Nun zählt Präzision im richtigen Moment und Nervenstärke. Eine schwache Qualifikation bringt zu Beginn stärkere Gegner, aber der Qualifikationssieger kann schon in der ersten Runde aus der Entscheidung fallen. Umgekehrt lässt sich ein einzelner Fehlpfeil in einem einzelnen Satz im folgenden Satz korrigieren. Was das bedeuten kann, haben verschiedene Juventas-Mitglieder schon im Positiven wie Negativen erlebt.

Inzwischen hat bei Juventas ein Generationenwechsel stattgefunden. Rita Faber engagiert sich stark als Trainerin im Nachwuchsbereich und Dominik Faber nimmt nicht mehr so häufig als Athlet an Turnieren teil. Dafür sind die beiden Söhne Adrian (Jahrgang 1994) und Florian Faber (1997) an die Schweizer Spitze vorgestossen und haben auch international für Spitzenresultate gesorgt. Adrian belegte zum Beispiel als einziger Schweizer Teilnehmer an den ersten European Games, den Europäischen Olympischen Spielen 2015 in Baku (Aserbaidschan), den 33. Platz und machte als Teilnehmer des Weltcupfinals 2014 in Lausanne dem Weltranglistenersten Rick van der Ven aus den Niederlanden im Viertelfinal das Leben unerwartet schwer. Florian siegte im Berlin-Hallen-Open Ende 2014, wurde Dritter am Junioren-Weltcupturnier Anfang 2015 in Nîmes (Frankreich) und Siebter (und damit Diplomgewinner) an den Olympischen Weltjugendspielen 2014 in Nanjing (China). Ausserdem hat sich mit Olga Fusek eine junge Frau innert kurzer Zeit erst bei den Juniorinnen und jüngst auch bei den Elite-Frauen an der Schweizer Spitze etabliert. Und mit Rajan Kalapurayil nahm 2019 ein weiterer Juventas-Schütze erstmals an einer Elite-Weltmeisterschaft bei den Männern teil.

EINE EINZIGARTIGE INFRASTRUKTUR IM STETTENFELD
Die zahlreichen Erfolge der jüngsten Zeit lassen sich in der Sportchronik dieses Jahrbuch-Bandes nachlesen. Wichtig für den Entscheid, den Bogenschützen Juventas Basel-Riehen – die mit der Namenserweiterung die Verlegung des offiziellen Vereinssitzes nach Riehen dokumentiert haben – den Sportpreis der Gemeinde Riehen als Gesamtverein zuzuerkennen, waren für die Jury nicht nur die grossen sportlichen Erfolge, sondern auch die ausserordentlich hohe Leistungsdichte, die kontinuierliche Nachwuchsförderung, das Engagement in der Organisation von Wettkämpfen und nicht zuletzt auch die hohe Qualität der Infrastruktur, die Juventas mittlerweile erreicht hat.

Das Trainingszentrum im Rehab Basel – wie das ehemalige Paraplegikerzentrum heute heisst – ist zwar Geschichte, weil die Spezialklinik die Räumlichkeiten inzwischen anderweitig nutzt. Kurz vor dieser Umnutzung ist es Juventas aber rechtzeitig gelungen, direkt neben dem schon bestehenden Outdoor-Trainingsgelände mit einem Containerbau eine Trainingshalle mit der Indoor-Wettkampfdistanz von 18 Metern zu erstellen. Damit verfügt der Verein im Moment über die beste Infrastruktur aller Schweizer Bogenschiessklubs und das Stettenfeld kann mit Fug und Recht als ‹Mekka des Schweizer Bogenschiesssports› bezeichnet werden.

CHRONIK

VEREINE / INSTITUTIONEN

Chronik Vereine und Institutionen

JULI 2018 BIS JUNI 2019

ROLF SPRIESSLER

In Riehen sind zahlreiche Vereine und Institutionen beheimatet. Diese neue Chronik-Rubrik hält Jubiläen und wichtige Änderungen in Führung und Organisation fest.

ALTERS- UND PFLEGEHEIM WENDELIN

Am 20. Oktober 2018 feierte das Alters- und Pflegeheim Wendelin mit einem grossen Fest sein 30-jähriges Bestehen.

Jubiläumsfest 30 Jahre Alters- und Pflegeheim Wendelin.

BÜRGERGEMEINDE RIEHEN

Die Bürgergemeinde Riehen musste am 6. März 2019 den Tod ihrer amtierenden Bürgerrätin Ursina Kissling hinnehmen. Sie war erst am 7. Mai 2018 als neue Waldchefin in den Bürgerrat gewählt worden und erlag einer schweren Krankheit. An der Bürgerversammlung vom 29. April 2019 wurde Claudia Fröhlich als neue Bürgerrätin gewählt. Bürgerratspräsident ist nach wie vor Martin Lemmenmeier.

BÜRGERINNENKORPORATION RIEHEN

An der 42. Generalversammlung der Bürgerinnenkorporation am 23. Februar 2019 wurde für die zurücktretende Silvia Brunner neu Beatrix Wojciechowski in den Vorstand gewählt. Präsidentin ist weiterhin Beatrice Wäckerlin.

BÜRGERKORPORATION RIEHEN

Am Bürgerkorporationsabend vom 26. Januar 2019 im Langasthofsaal wurde mit Nicolas Hafner ein neues junges Mitglied in den Vorstand gewählt, der nach wie vor unter dem Präsidium von Peter Meier steht.

Die Neumitglieder der Bürgerkorporation Riehen an der Mitgliederversammlung 2019 im Landgasthof.

ECCOLA KLEINSCHULE

Die Riehener Kleinschule Eccola für Kinder und Jugendliche in Schulschwierigkeiten, die zuletzt während 17 Jahren im Weissenbergerhaus an der Bahnhofstrasse beheimatet war, stellte ihren Betrieb auf Ende Schuljahr 2017/18 ein. Gründe waren der bildungspolitische Entscheid des Kantons Basel-Stadt, möglichst alle Kinder in die Regelschule zu integrieren, sowie der Weggang des langjährigen Schulleiters und weiterer Teammitglieder, die sich beruflich neu orientieren wollten.

Jubiläumsfest des Familiengartenvereins Bäumlihof.

Grossratspräsident Heiner Vischer.

Schweizer und Guido Vogel. Neu in den Vorstand gewählt wurden Romy Callagher und Marc Guthauser. Im Frühling 2020 ist eine weitere Tischmesse geplant.

FAMILIENGARTENVEREIN BÄUMLIHOF

Der Familiengartenverein Bäumlihof feierte im Sommer 2018 sein 100-Jahr-Jubiläum. Er zählt rund 240 Pächterinnen und Pächter. Am 25. August 2018 fand das traditionelle Gartenfest statt.

Frauenverein Riehen, Generalversammlung 2019.

FRAUENVEREIN RIEHEN

Der Frauenverein Riehen unter dem Präsidium von Silvia Schweizer zählte an der Generalversammlung vom Mai 2019 insgesamt 418 Mitglieder, wovon sich 75 Frauen regelmässig ehrenamtlich engagieren. 2018/19 konnten 24 300 Franken aus dem Erlös der Vereinsaktivitäten an 13 soziale Institutionen im In- und Ausland gespendet werden.

GROSSER RAT BASEL-STADT

Mit Heiner Vischer (LDP) hat ein Riehener am 1. Februar 2019 für ein Jahr das Amt als Präsident des Kantonsparlaments übernommen. Heiner Vischer ist seit Februar 2014 Mitglied des Grossen Rates und ausserdem Mitglied im Riehener Einwohnerrat. Statthalterin und damit designierte Grossratspräsidentin im Jahr 2020 ist die in Riehen aufgewachsene Salome Hofer (SP). Salome Hofer war 2010–2012 Präsidentin des Riehener Gemeindeparlaments und ist seit 2009 Grossrätin (bis 2017 für den Wahlkreis Riehen, seitdem Kleinbasel).

HANDELS- UND GEWERBEVEREIN RIEHEN (HGR)

Die Generalversammlung des HGR Riehen im Mai 2019 stand im Zeichen der Gesamtvorstandswahlen. Aus dem Vorstand zurückgetreten war Diana D'Anselmo, wiedergewählt wurden Daniel Hettich (Präsident), Mario Biondi (Kassier), Jürg Blattner, Rolf Brüderlin, Andreas Cenci, Gaston

Vadim Fedorov bei seinem Soloauftritt am Eintracht-Jubiläumsabend.

HANDHARMONIKAVEREIN EINTRACHT RIEHEN

Der Handharmonikaverein Eintracht Riehen feierte im Jahr 2018 sein 80-jähriges Bestehen mit einer Jubiläumsreise nach Wien Anfang September und einer Jahresfeier im Bürgersaal am 1./2. Dezember mit einem speziellen Showteil nach dem Auftritt des Handharmonika-Ensembles unter der Leitung von Dirigent Vadim Fedorov.

JAHE – ‹JUNG UND ALT HÄLFE ENAND›

Am 26. August 2018 feierte der Verein ‹Jung und Alt hälfe enand› mit einem Fest im Bürgersaal des Gemeindehauses Riehen sein 10-jähriges Bestehen. Der Verein war auf Initiative von Claire Trächslin

Auftritt Revival Jug & Junk Band am JAHE-Jubiläumsabend im Bürgersaal.

‹Glugger›-Fest im Hirshalm.

entstanden, die sich nach einem Podium mit dem Titel ‹Jung und Alt geben sich Halt› zum 10-Jahr-Jubiläum des Vereins Spitex Riehen-Bettingen 2006 dieses generationenübergreifenden Themas angenommen hatte. Der Verein JAHE zählt inzwischen rund 300 Mitglieder. Vereinsziel ist die Vermittlung von gegenseitigen Hilfeleistungen zwischen jüngeren und älteren Menschen. Gründungspräsidentin war Claire Trächslin, die inzwischen als Geschäftsführerin amtet und Vorstandsmitglied ist. Weitere Vorstandsmitglieder sind Roger Götti (Präsident), Guy Trächslin (Vizepräsident, im Mai 2019 gewählt für die zurückgetretene Dorothee Duthaler), Gaby Wunderle und Beatrix Wojciechowski.

‹KINDERHUUS ZEM GLUGGER›

Am 8. September 2018 feierte das ‹Kinderhuus zem Glugger› am Hirshalm sein 35-jähriges Bestehen mit einem grossen Fest. ‹Glugger›-Gründerin Silvia Brändli ist heute Präsidentin des Fördervereins der Kindertagesstätte.

MOBILE JUGENDARBEIT (MJA) RIEHEN

Sandra Papatheodorou löste bei der MJA Riehen Neda Zaborsky als Jugendarbeiterin ab. Gabriel Meisel, seit Mai 2016 Teammitglied, übernahm die Standortleitung in Riehen. Die MJA Riehen unterstützte unter anderem Jugendliche bei der Organisation des Open Air ‹No Biz Chille› vom 4. August 2018 auf der Grendelmatte.

PFADI ST. RAGNACHAR

Die Riehener Pfadfinderabteilung St. Ragnachar feierte 2018 ihr 75-Jahr-Jubiläum. Höhepunkt war ein gemeinsames Sommerlager aller Altersstufen. Ausserdem gab es für die Leiterinnen und Leiter ein Auslandlager in Brüssel (Belgien).

PRO CSIK

Der Verein Pro CSIK, der den Kontakt zu Riehens rumänischer Partnergemeinde Miercurea Ciuc / Csíkszereda pflegt, organisierte im September 2018 eine zwölftägige Kulturreise nach Csíkszereda und Umgebung.

Jubiläumsausflug des SSC Riehen zum Olympischen Museum in Lausanne.

SAMARITERVEREIN RIEHEN

Der Samariterverein Riehen verstärkte an der 102. Generalversammlung vom 22. März 2019 den Vorstand unter Präsident Claude Brügger durch Nicole und Christoph Aeschbacher, die gemeinsam die Mitgliederverwaltung übernahmen. Neu geschaffen wurde die Mitgliederkategorie der Jugendsamariter (8–16 Jahre), für die nun regelmässig kostenlose Kurse angeboten werden.

SKI- UND SPORTCLUB (SSC) RIEHEN

Der SSC Riehen, der aus der früheren Skisektion des TV Riehen (SSTVR) hervorgegangen ist, feierte 2018 sein 25-jähriges Bestehen mit einer Jubiläumsreise ins Olympische Museum in Lausanne.

SPITEX RIEHEN-BETTINGEN

Im Herbst hatte Vorstandspräsidentin Christine Avoledo die Freistellung der seit Anfang 2016 im Amt stehenden Ko-Geschäftsleiterinnen Katja Doepgen (Pflege und Hauswirtschaft) und Sabine Suter (Finanzen und Administration) bekanntgegeben. Nach einer Übergangsphase trat Claudia Wussler per 1. Januar 2019 die Stelle als neue Geschäftsleiterin der Spitex Riehen-Bettingen an. An der Mitgliederversammlung vom 18. Juni 2019 wurden für die zurücktretenden Urs Flückiger und Markus Frey neu Lucas Rinaldi (Kassier) und Martin Wepfer (juristischer Berater) in den Vorstand gewählt.

SWISS REGULATORS

Das ‹Fife & Drum Corps Swiss Regulators Riehen›, das wie sieben weitere Schweizer Corps die amerikanische Kolonialmusik pflegt und in regem Austausch mit Corps in den USA steht, hat 2019 sein 10-jähriges Bestehen gefeiert. Höhepunkt war im September das 1st National Muster Riehen, an dem alle Schweizer Corps durch den Riehener Dorfkern zogen und auf dem Dorfplatz ihre Konzerte gaben.

Spitze des Umzugs am 1st National Muster Riehen, 2019.

TENNIS-CLUB RIEHEN

An der Generalversammlung vom 18. März 2019 ist TCR-Vereinspräsident Hans-Rudolf Uebersax nach langjähriger, verdienstvoller Tätigkeit zurückgetreten. Das Präsidium wurde zunächst von einem Trio übernommen – vom neu in den Vorstand ge-

TCR-Präsident Marc Guthauser.

wählten Marc Guthauser, der Vizepräsidentin Verena Aeberli und dem Spielleiter Rolf Behret. Nach mehrmonatiger ‹Probezeit› hat Guthauser inzwischen das Amt des Vereinspräsidenten offiziell übernommen.

TURNERINNEN RIEHEN

An der Mitgliederversammlung vom 11. Januar 2019 eröffneten die Turnerinnen Riehen mit der Weihe ihrer neuen Vereinsfahne ihr Jubiläumsjahr – der Verein unter der Führung von Präsidentin Jacqueline Thiele feierte 2019 sein 90-jähriges Bestehen.

Delegation der Turnerinnen Riehen mit neuer Vereinsfahne vor dem Festumzug in Basel.

VELO-CLUB RIEHEN (VCR)

An der Generalversammlung im Januar 2019 vollzog der VC Riehen einen Generationenwechsel im Vorstand. Der langjährige Vizepräsident und Sekretär Kurt Kaiser, der auch viele Jahre OK-Chef des VCR-Amateurkriteriums im Kornfeldquartier war, trat ebenso aus dem Vorstand zurück wie Kassier Urs Zwahlen und Rennsport-Chef Ben Klenk. Der Vorstand setzt sich neu wie folgt zusammen: Lucius Humm (Präsident), Christof Leumann (Vizepräsident, neu), Sven Schulzke (Sekretär, neu), Svenja Amrhein (Kassierin, neu), Marion Schemmelmann (Material), Marc Fink (Medien, neu), Sven Rizzotti (Nachwuchs, neu), Mauro Bisonni (Mountainbike), Marco Bisonni (Rennsport, bisher Nachwuchs) und Martin Schmutz (Beisitzer).

Rauracherzentrum im Jahr der Eröffnung, 1978.

VEREIN OFFENE TÜR

Im Verein Offene Tür wurde Annemarie Pfeifer als Ko-Präsidentin neu in den Vorstand gewählt. Sie führt den Verein nun gemeinsam mit dem bisherigen alleinigen Präsidenten Peter Wirz, der damit auf eigenen Wunsch etwas entlastet wird.

VEREINIGUNG RAURACHER-ZENTRUM

Die Geschäfte des ersten Einkaufszentrums in Riehen, die in der Vereinigung Rauracher-Zentrum zusammengeschlossen sind, feierten am 15. September 2018 das 40-Jahr-Jubiläum des Rauracher-Zentrums mit einem grossen Fest.

KULTUR

Kulturchronik
JULI 2018 BIS JUNI 2019

MICHÈLE FALLER

Die Kulturtreppe löst das ‹Open-Air-Kino im Hof› ab und ‹Freumi› zieht einen Schlussstrich. Mit Gemälden im Pflegeheim, Tierplastiken auf dem Friedhof und Picasso-Raritäten in der Fondation Beyeler, mit Krimis, Bildbänden und Sachbüchern sowie mit Konzerten von ‹No Biz Chille› bis ‹Musica Antiqua› bleibt die Kultur in Riehen vielfältig.

KONZERTE

Den Auftakt der Riehener Konzertsaison bildete ein als Beizenkonzert geplanter Anlass, der dank einer Lärmklage zum stimmungsvollen Open-Air-Event wurde: Das Kleinbasler Stadtoriginal Sir Francis und die Band ‹French Connection› entzückten das Publikum am 6. Juli im Singeisenhof mit Samba- und Bossanova-Klängen, Chansons, Jazz und schrägen Basler Songs von ‹Besame mucho› bis ‹I ha mi ganze Pulver verbruucht›. Die darauffolgenden Beizenkonzerte fanden im Restaurant ‹schlipf@work› statt.

Francis Schmidt alias Sir Francis und die ‹French Connection› brachten beste Stimmung in den Singeisenhof.

Kleine und feine ‹Chörli-Stubete› der Gesangssektion des Turnvereins Riehen im Lüschersaal im Haus der Vereine.

Im Rahmen des ‹Stimmen›-Festivals sang am 2. August Indra Rios-Moore Jazz, Gospels und Soul in der Reithalle des Wenkenhofs. Das dritte, von Jugendlichen organisierte ‹No Biz Chille›-Open-Air am 4. August fand wie letztes Jahr auf der Grendelmatte statt und begeisterte mit Acts von ‹Chillkröten› bis zu ‹Sons of Eclipse›. Am ‹Landi-Open-Air› am 31. August beehrte ‹Züri West› das Freizeitzentrum Landauer und am 21. Oktober lud die Musikschule Riehen zu ‹Leidenschaft auf zehn Saiten›: Das Konzert mit dem Duo Nicolas Corti und Han Jonkers fand im Rahmen der Sarasinkonzerte statt und bot auch die

Komponist Rudolf Kelterborn gratulierte den Musikern Han Jonkers und Nicolas Corti zur Uraufführung seines Werkes in der Musikschule Riehen.

Uraufführung des Duetts für Viola und Gitarre des Schweizer Komponisten Rudolf Kelterborn.

Im Lüschersaal im Haus der Vereine ging am 2. November die ‹Chörli-Stubete› der Gesangssektion des Turnvereins Riehen über die Bühne und tags darauf hiess es ‹Vorhang auf und Bühne frei› im Landgasthofsaal, als der Musikverein Riehen zu seinem 157. Jahreskonzert lud. Den Auftakt der neuen Saison von ‹Classiques!› bildete am 4. November das Konzert ‹Bologna 1666› mit dem Kammerorchester Basel unter der Leitung von Leila Schayegh. Die musikalische Zeitreise ging ins wichtigste Musikzentrum Italiens im 17. Jahrhundert. Ein weiteres Highlight der Reihe war Schönbergs ‹Pierrot Lunaire› mit der Stargeigerin Patricia Kopatchinskaja am 22. Februar.

Patricia Kopatchinskaja gab den ‹Pierrot Lunaire› im Rahmen von ‹Classiques!› mit Leib und Seele.

Am 4. November begann in der Franziskuskirche das 26. Orgelfestival. Am 9. November spielte und sang das Ensemble Leones unter der Leitung von Marc Lewon alle 28 Lieder aus dem Liederbuch von Ambrosius Kettenacker. Das Konzert unter dem Titel ‹Frólich Wesen› fand in der Dorfkirche St. Martin statt, wo der Riehener Reformator Kettenacker ab 1519 als Pfarrer wirkte und ab 1528, nachdem er die Reformation in Riehen eingeführt hatte, in der Volkssprache predigte. Ebenso volksnah sang der Jugendchor Passeri am 11. November im Bürgersaal des Gemeindehauses und trug Lieder aus dem Film ‹Les Choristes› wie ‹Vois sur ton chemin› und neu arrangierte Songs wie ‹All of Me› von John Legend vor. Eine Woche später bot das Mandolinen- und Gitarren-Orchester in der Dorfkirche ‹Stimmungsvolle Sa(e)iten› mit südamerikanischen Melodien wie dem Tango ‹El Choclo› von Angel Villoldo.

Unter dem Motto ‹Frólich Wesen› erfreute das Ensemble Leones sein Publikum in der Dorfkirche mit Melodien aus dem Liederbuch von Ambrosius Kettenacker.

Mit Virtuosität, Schalk und Leidenschaft spielte Christian Sutter Patrick Süskinds frustrierten Kontrabassisten im Rahmen von ‹Vier Jahreszeiten Riehen›.

Vom 19. bis 25. November fand das elfte Festival ‹Vier Jahreszeiten› unter dem Titel ‹Bach x 3› statt. Die Festivalwoche umfasste einen Meisterkurs mit dem Geiger Ingolf Turban und Konzerte rund um das «musikalische Grundnahrungsmittel» Johann Sebastian Bach, wie Turban sich ausdrückt. So aussergewöhnlich wie faszinierend waren die ‹Goldberg-Variationen› in einer Bearbeitung für Jazz-Streichquartett und Streichtrio mit dem ‹Atom String Quartet› am 23. November in der Villa Wenkenhof. Am 30./31. März war das ‹Wochenende mit dem Kontrabass› dran und am 16. Juni ein Paganini-Konzert plus Violinen-Workshop.

Am 25. November gab der Chor Bettingen zu seinem zehnjährigen Bestehen ein Dinnerkonzert im Landgasthof. Der Handharmonikaverein Eintracht wurde 80 und konzertierte am 1./2. Dezember im Bürgersaal des Gemeindehauses. Das Kammerorchester der ‹Musica Antiqua Basel› feierte sein 30-Jahr-Jubiläum und gab am 23. Dezember gleichenorts sein traditionelles Weihnachtskonzert.

Auf den ‹Jodler-Obe› der Stadt-Jodler Basel-Riehen am 12. Januar folgte am 27. die Saisoneröffnung der Schubertiade Riehen mit dem Basler Streichquartett, das in

Die ‹Muulörgeler vom Ägerisee› am ‹Jodler-Obe› im Landgasthof.

Die Guggenmusik ‹Node-Spucker› aus Weil am Rhein beehrte die ‹Riechemer Fasnachtsmusig› auf dem Dorfplatz.

Anwesenheit des Komponisten Andreas Pflüger ‹Wanderer› uraufführte. Die vierte ‹Riechemer Fasnachtsmusig› und das Jahreskonzert des CVJM-Posaunenchors fanden am 23. Februar statt und das Philharmonische Orchester Riehen, das seinen 15. Geburtstag feierte, spielte am 7. April im Landgasthofsaal. Zum 20. Mal war am 5. Mai das Vokalensemble Neva aus St. Petersburg im Andreashaus zu Gast und brachte russische und ukrainische Gesänge aus der orthodoxen Liturgie zu Gehör. Das Jazzfestival Basel kam am 10./11. Mai für ‹The Art of Duo› und ‹Spanish Night›

Das Trio Nes an der ‹Spanish Night› in der Dorfkirche liess neue Musik rund ums Mittelmeer erklingen.

nach Riehen und erntete Jubel sowie stehende Ovationen. Am 13. Mai gaben sich wieder die ‹Krüger Brothers› ein Stelldichein im Landgasthof und am 18. des Monats ‹Marius & die Jagdkapelle› im Freizeitzentrum Landauer. Den krönenden Abschluss der Riehener Konzertsaison bildete das Festival ‹Hill Chill› am 28./29. Juni, das mit über 5000 Fans einen neuen Besucherrekord aufstellte.

Die ‹Jagdkapelle› mit ihrem beweglichen Frontmann Marius auf der ‹Landi›-Bühne.

LITERATUR

Am 26. Juli las der amerikanische Schauspieler Willem Dafoe im Rahmen der Ausstellung ‹Bacon – Giacometti› in der Fondation Beyeler aus Interviews mit den beiden Künstlern. Unweit davon begann am 28. August im Kellertheater des Hauses der Vereine die Saison der ‹Arena Literaturinitiative› mit elf Anlässen. Am 20. September las Yusuf Yeşilöz aus seinem neuen Roman ‹Die Wunschplatane›, der sich um die Begegnung mit dem Fremden dreht.

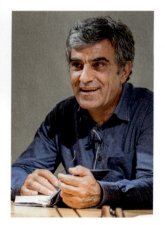

Yusuf Yeşilöz las in der Arena aus seinem Buch ‹Die Wunschplatane›.

Von tiefem Fall und einem Neubeginn handelt ‹Das Haus in der Maremma›, das der Arena-Gründer aus Riehen, Valentin Herzog, am 29. November vorstellte. Ein weiteres Highlight, diesmal im ‹Kaleidoskop in der Arena›, war der Besuch des Elsässer Autors Pierre Kretz, der am 25. Oktober

Valentin Herzog freut sich an der Arena-Lesung aus ‹Das Haus in der Maremma› über das Lob von Katja Fusek.

Lichterglanz und Frikadellen: -minu las in der Reithalle des Wenkenhofs Weihnachtsgeschichten.

seinen so erschütternden wie begeisternden Monolog ‹Ich ben a beesi Frau› vortrug. Am 24. September lud der Autor und Präsident des Fördervereins Wendelin, Niklaus Schmid-Heimes, zu einer literarisch-musikalischen Stunde ins Pflegeheim Wendelin unter dem Titel ‹Es stand in alten Zeiten ein Schloss, so hoch und hehr›. Am 2. Oktober las Sabine Wittmann aus Riehen in der Reithalle des Wenkenhofs aus ihrem erotischen Roman ‹Pause vom Leben›. Gleichenorts gab -minu zum Adventsbeginn in seiner unvergleichlichen Art vier Weihnachtsgeschichten zum Besten. Im Lesekaffee ‹Alt trifft Jung› konnte man sich am 14. Dezember und an weiteren Freitagvormittagen von Drittklässlern des Schulhauses Niederholz in der gleichnamigen Bibliothek Geschichten vorlesen lassen, während in der Gedenkstätte Riehen Wolfgang Benz, Johannes Czwalina und Dan Shambicco am 10. Januar aus ‹Nie geht es nur um Vergangenheit› lasen. Am 24. Mai fand der Vernissage-Rundgang des von der Gemeinde herausgegebenen Kunstführers von Jana Leiker statt und am 27. Juni präsentierte die Riehenerin Katharina Schürch mit ‹Basel Safari› ein Fotobuch, das ebenfalls zum Spazieren einlädt, nämlich auf den Spuren von Tierdarstellungen quer durch Basel und Riehen.

Weitere literarische Neuerscheinungen aus Riehen sind Ursula M. Frick Albrechts ‹Seelen-Strahlen-Kinder. Wegweiser für eine neue Generation› und Heidrun Grafs ‹Das siebzigste Jahr›. Letzteres spielt im fiktiven Bettstätten, das unschwer als Riehen zu erkennen ist. Mit Altersweisheit und jugendlichem Schalk beschreibt Graf in ihrer Satire «wider den tierischen Ernst ums Altwerden», wie sie sich selber ausdrückt, die Absurditäten des Alltags so treffend wie unterhaltsam.

Hintergründe zu zwei Riehener Morden in den 1950er-Jahren liefert ‹Ungesühnt› von Christian Winterstein und mit ‹Uferschnee› legt Wolfgang Bortlik einen neuen Kriminalfall für Detektiv Melchior Fischer vor. ‹Reich der Quellen› heisst das Sachbuch von Daniel Küry, Beat von Scarpatetti und Edith Schweizer-Völker, das auch auf die Quellensituation in Riehen eingeht. Mit ‹Die Befragung der Silben› präsentiert der in Riehen aufgewachsene Franz Osswald seinen dritten Krimi.

AUSSTELLUNGEN

Am 29. August fand auf dem Dorfplatz im kleinen Rahmen eine Vernissage für die temporär vor dem Gemeindehaus platzierte Skulptur ‹Sunrise. East. July› von Ugo Rondinone statt. Der silberfarbene Kopf

Gemeinderätin Christine Kaufmann, Mäzen Rolf Brüderlin, Patronatskomitee-Präsidentin Maria Iselin-Löffler und Kuratorin Kiki Seiler an der Vernissage der Skulptur ‹Sunrise. East. July›.

fungierte als Botschafter für den Kunst Raum Riehen, wo zwei Tage darauf die Jubiläumsausstellung zum 20. Geburtstag eröffnet wurde. Von Malerei über Fotomontage bis computergenerierte Animation waren verschiedenste künstlerische Medien vertreten. Sogar eine schräg-schöne Performance des Instituts Mode-Design der Hochschule für Gestaltung und Kunst wurde den Vernissage-Gästen geboten. Diskret kam die gleichenorts gezeigte Ausstellung ‹Im Fokus: Riehen› daher, die in der ersten Februarhälfte Ansichten von Riehen aus dem Kunstbesitz der Gemeinde zeigte. Vom 2. September bis 1. Januar war in der Fondation Beyeler ‹Balthus› zu sehen. Das an der Vernissage geäusserte Ziel der Ausstellung war, zu Diskussion und Reflexion über die Möglichkeiten und Funktionen der Kunst anzuregen. Wöchentlich wurden unter dem Titel ‹Balthus im Gespräch› Fragen des Publikums zum umstrittenen Künstler und dessen Werk diskutiert. Ende Oktober wurde die neue Sammlungsausstellung ‹Mondvogel und Spinne›

Fondation-Beyeler-Kurator Ulf Küster mit Henri Matisses ‹Interieur mit schwarzem Farn› in der Sammlungsausstellung ‹Mondvogel und Spinne›.

unter anderem mit Skulpturen von Joan Miró und Louise Bourgeois eröffnet, die bis 13. Januar zu sehen war. Im Anschluss folgte bis 5. Mai die Sammlungsausstellung ‹Picasso Panorama› und vom 3. Februar bis 16. Juni war die langersehnte Schau ‹Der junge Picasso – Blaue und Rosa Periode› zu bestaunen (siehe separaten Beitrag). Ab 26. Mai zeigte das Riehener Museum Werke des zeitgenössischen Malers Rudolf Stingel.

Nach der Ausstellungseröffnung von ‹Ich mach mir die Welt, wie sie mir gefällt› wurde im Hof des Spielzeugmuseums die Villa Kunterbunt in Beschlag genommen.

Die interaktive Ausstellung im Spielzeugmuseum ‹Ich mach mir die Welt, wie sie mir gefällt› dauerte acht Monate und war Pippi Langstrumpf gewidmet. Zur Vernissage am 9. September gab es ein Spontanorchester, Kaffee und Süssigkeiten. Gleichenorts wurde am 5. April die Ausstellung ‹Sind Cartoons Kunst? Jules Stauber und Co.› eröffnet. Die zwei Riehener Sammler Urs Zellmeyer und Dieter Tschudin zeigten bis 30. Juni ihre Schätze und liessen diese die im Ausstellungstitel gestellte rhetorische Frage gleich selber beantworten.

Ab 9. November galt es in der Galerie Henze & Ketterer & Triebold, Ernst Ludwig Kirchner von einer eher unbekannten Seite kennenzulernen: Gezeigt wurden die gesammelten Architekturzeichnungen des Expressionisten, der auch Diplomarchitekt war. Die Ausstellung ‹Urban Bag Art Basel – maximale Utopien› des deutschen Künstlers Thitz feierte am 8. Juni in der Galerie Mollwo Vernissage und verbreitete jede Menge positive Energie. Unter dem Titel ‹New Deals› war die Regionale 19 vom 24. November bis 18. Januar im Kunst Raum Riehen zu Gast.

Nach einigen Jahren Pause ging im Niederholzquartier am 1. Dezember das erste liebevoll gestaltete Fenster des begehbaren Adventskalenders auf. Im Pflegeheim Wendelin feierte am 1. Februar die Ausstellung ‹Farben für die dunkle Jahreszeit› mit Gemälden von Gisela K. Wolf Vernissage und am 11. März wurde auf dem Friedhof am Hörnli die Ausstellung ‹Bring mich zurück› eröffnet. Zwischen Friedhof und Künstler vermittelt hatte die Riehener Galeristin Lilian Andrée. Die 28 Tierplastiken des italienischen Künstlers Davide Rivalta, die meisten aus Bronze, waren bis

Roh und doch lebensecht: die Tierskulpturen von Davide Rivalta auf dem Friedhof am Hörnli.

Volle Konzentration: ein junger Künstler am Sommerfest der Fondation Beyeler in Aktion.

zum 25. Juni auf dem Zentralfriedhof zu sehen. Trotz ihrer Monumentalität störten sie an diesem Ort des Gedenkens nicht, sondern wirkten beinahe, als seien sie schon immer da gewesen.

FESTE, FEIERN UND MÄRKTE

Das Fest, das Patrioten und Fans des Funkenzaubers gleichermassen begeistert, stieg wie gewohnt am 1. August im Sarasinpark. Für die Festansprache griff Publizist und Medienwissenschaftler Matthias Zehnder zum Mikrofon. Am 11. August luden die Fondation Beyeler zum alljährlichen Sommerfest und der Quartierverein Niederholz zum Flohmarkt beim Andreashaus. Eine Woche später wurde das neue Café Kornfeld feierlich eröffnet – mit Musik, einer Tanzvorführung und natürlich Kaffee und Kuchen. Mit einem kleinen Volksfest wurde am 22. August der Freiraum Hinter Gärten eingeweiht, der von Jung und Alt zum Spielen und Verweilen genutzt werden kann.

Am 8. September lockten der ‹Flohmi› im Glögglihof und der Dorfmarkt der Vereinigung Riehener Dorfgeschäfte (VRD), in dessen Rahmen erstmals das sogenannte ‹Weindorf› präsentiert wurde – allerdings mit nur wenigen Winzern. Das 166. Jahresfest der Kommunität Diakonissenhaus Riehen stieg am 22./23. September. Mit dem Adventsbazar des Vereins Offene Tür im Meierhof, dem VRD-Weihnachtsmarkt sowie dem Adventsmarkt im Hof des Spielzeugmuseums blieben am Wochenende vom 1./2. Dezember für Romantikerinnen und Marktfreunde keine Wünsche offen. Am 15./16. Dezember zog der ‹Weihnachtsflowmarkt› auf dem Goldbrunnenhof am Schlipf nach.

Ein Himmel voller Lämpchen: einer der vielen bunten Stände des VRD-Weihnachtsmarkts auf dem Dorfplatz.

Im Rahmen des ‹Naturmärts› auf dem Dorfplatz am 27. April wurde der zweite LA21-Nachhaltigkeitspreis an die ‹Pfadi Trotz Allem› verliehen. Trotz Regen kamen viele Leute und genossen auch die vom Verein Hü Basel organisierten Kutschenfahrten. Über dem ‹Landifest› unter dem Motto ‹Es war einmal …› am 15. Juni und dem Sommerfest des Schul- und Förderzentrums Wenkenstrasse am 21./22. Juni strahlte die Sonne.

Glücklich auf dem fliegenden Teppich war diese gemischte Fluggemeinschaft am ‹Landifest›.

THEATER, OPER UND FILM

Die neue Kulturtreppe im Hof des Spielzeugmuseums wurde vom 3. bis 24. August zum Open-Air-Kino und zeigte vier Filme zum Thema Unterwegssein von ‹Stand by me› bis ‹Guantanamera›. Drinnen fand die Filmpremiere von ‹Christ in You – The Voice› statt, und zwar am 18. Mai im Begegnungszentrum der Freien Evangelischen Gemeinde Riehen.

Die Produktion ‹Fast täglich kamen Flüchtlinge›, die im Mai 2016 in der Eisernen Hand Premiere gefeiert hatte, wurde am 24. August zum zweiten Mal wiederaufgenommen. Die zweite Saison des Kammertheaters begann am 12. Oktober mit dem Gastspiel ‹Die Sternstunde des Josef Bieder› mit Michael Kausch. Am 2. November folgte die Premiere von ‹Verwandte und andere Betrüger› – eine Komödie rund um die Abgründe von Verwandtschaftsbesuchen mit dezenter gesellschaftskritischer Note. Ab 6. Dezember wurde ‹Weihnachten auf dem Balkon› wiederaufgenommen und am 30. März folgte die Premiere von ‹Gut gegen Nordwind› mit Tiziana Sarro und Simon Rösch.

So nah und doch so fern: Emmi (Tiziana Sarro) und Leo (Simon Rösch) in ‹Gut gegen Nordwind› im Kammertheater Riehen.

Am Wochenende vom 15./16. Dezember ging in der Kornfeldkirche das Weihnachtsmusical ‹Chaos im Stall› mit Mitwirkenden vom Säugling bis zum Pensionär über die Bühne. Am Sonntagmorgen fand in der Dorfkirche das Krippenspiel ‹Em Jakob sis Wiehnachtswunder› statt und das Pendant in der Franziskuskirche mit dem Titel ‹So ein Kamel› wurde am

Sehr jung, aber überzeugend: die heilige Familie im Krippenspiel in der Dorfkirche.

Heiligen Abend im Rahmen des Familiengottesdiensts von Kindern aufgeführt.

Am 7. Februar gastierte das Seniorentheater Riehen-Basel zum dritten Mal in der Baslerhofscheune in Bettingen. Das Stück ‹Hotel zum Paradies› unterhielt das Bettinger Publikum genauso gut wie jenes in Riehen, wo die Theatertruppe ab 4. April im Kellertheater des Hauses der Vereine spielte. ‹Maximilian, der Held› der Theatertruppe Das Luftschloss ging am 23./24. Februar gleichenorts über die Bühne. Unter dem vielsagenden Titel ‹Theater im Theater

Das Ensemble des AHa-Theaters im Andreashaus spielte das Stück ‹Theater im Theater› – ein Titel, der treffender nicht sein könnte.

(Nichts als Kuddelmuddel)› spielte das Ensemble des AHa-Theaters ab 22. März eine Laientheatertruppe, die sich von Missverständnissen, Pannen und Liebesnöten gebeutelt durch Generalprobe und Premiere kämpft – ein köstlicher Einblick in die Welt der Theateramateure. Zum Vergnügen des jüngeren Theaterpublikums war im Hof des Spielzeugmuseums ab 12. Juni das Theater Arlecchino mit der Märchenkomödie ‹Froschkönig – oder: Wie me ins Schloss kunnt› zu Gast.

Anita Brans von ‹Freumi› gönnte sich am Ende des Cocktail-Abends auch einen Drink.

PERFORMANCES UND ANDERE EVENTS

Das Programm der neuen Kulturtreppe im Hof des Spielzeugmuseums begann am 25. Juli mit dem Musiktheater ‹Kapelle Sorelle›.

Unter ihrem Label ‹Freumi› organisierte Anita Brans am 4. August ‹Tropical Cocktail Hours› im Naturbad. Praktisch pausen-

Glühwein und feierliche Klänge der Jugendmusik Riehen begleiteten das Einschalten der neuen Weihnachtsbeleuchtung auf dem Dorfplatz.

Freude auch bei den Insidern am Tag der offenen Tür des Modelleisenbahnclubs Riehen im Dachgeschoss des Schulhauses Erlensträsschen.

loses Cocktail-Mixen dokumentierte den Erfolg des Abends, am häufigsten bestellt wurde ‹Sex on the beach›. Aus derselben Ideenküche stammte ‹Flieg über die Grenze› beim Eisweiher am 10. August. Beim Wettbewerb der selbstgebastelten Flieger zählten Originalität und Reichweite, beim Drohnenrennen hingegen die Zeit. Sechs Sieger gewannen den Hauptpreis: einen 20-minütigen Helikopterflug über Weil am Rhein und Riehen. Die temporären Wasserrutschen sorgten am 31. August/ 1. September am Moosweg wieder für spassige Stunden, doch das war der Schlusspunkt der ‹Freumi›-Freizeitangebote. Trotz hoher Beteiligung beschloss Brans Ende Jahr, einen Schlussstrich zu ziehen, da sie ansonsten den kommerziellen Aspekt in den Vordergrund hätte rücken müssen. Eine der vielen Führungen der Dokumentationsstelle Riehen war am 18. August ‹Riehen ... künstlerisch› mit Gabriele Pohlig. Der zweite Tag der Vereine auf dem Dorfplatz am 25. August wurde verregnet und ein ähnliches Schicksal erlitt das ‹Son et Lumière› im Wenkenpark: Am 31. August wurde es wegen des nassen Wetters abgesagt, doch am 1. September lockte der Anlass des Kulturbüros und der Musikschule Riehen viel Publikum an. Am 27. September starteten wieder die Senioren-Tanznachmittage mit Live-Musik im Landgasthofsaal und mit Märchen für Erwachsene fesselten Iris Dürig und Elisabeth Tschudi ihr Publikum am 6. November im Andreashaus.

Am 9. November fanden sich Spielfreudige zum morgendlichen Lottomatch im Café Kornfeld ein und weihnachtliche Stimmung machte sich am 23. November auf dem Dorfplatz breit, als der neue Baum-

Dieser Harley-‹Niggi-Näggi› mit himmlischer Begleitung erfreute kleine und grosse Kinder beim Rauracherzentrum.

schmuck eingeweiht wurde. Zu Fuss kam der ‹Santiglaus› am 6. Dezember in den Dorfkern und motorisiert besuchten 20 seiner Kollegen zwei Tage später das Rauracherzentrum. Auch am 8. waren am Tag der offenen Tür des Modelleisenbahnclubs Riehen im Dachgeschoss des Schulhauses Erlensträsschen viele kleine Züge zum Thema Bahnhof Spiez zu bewundern. Am 12. Dezember erklangen im ‹Café Spittelgarte› des Geistlich-diakonischen Zentrums Harfenmusik und Geschichten zum Advent und tags darauf nahm die Malerin Anna Diehl im Kunst Raum Riehen den vierten Kunstpreis Riehen entgegen.

Das neue Jahr begann mit dem Dreikönigssternmarsch am 6. Januar. Im Rahmen der

Lisa Stiegler und Vincent Glander verliehen Medea und Jason im Rahmen von ‹Wintergäste reloaded› ihre Stimmen.

Reihe ‹Wintergäste reloaded› beeindruckten die szenischen Lesungen von Christa Wolfs ‹Medea. Stimmen› am 15. Januar in der Reithalle des Wenkenhofs und am 20. Januar im Haus der Vereine ‹Aufzeichnungen eines Wahnsinnigen› von Nikolai Gogol. Die Museumsnacht am 18. Januar entzückte Kulturbeflissene und Partylöwen gleichermassen. Die Wagenvernissage der

Zwei der rund 20 Gespanne der IG Traditionsfahren, die das Riehener Publikum erfreuten.

Unter der Larve sicher fröhlicher als der Papier-Maché-Kopf: ein Fasnächtler der ‹Chropf-Clique-Rieche› am Cortège.

‹Chropf-Clique-Rieche› tauchte am 10. März den Werkhof in Fasnachtsstimmung und an den folgenden drei Tagen waren die ‹Chropfheimer› mit griesgrämigen Larvengesichtern und dem Sujet ‹Em Bebbi wird's flau – me macht en zer Sau!› unterwegs. Immerhin lächelte der Wagen in Form eines Schweins aufs Freundlichste. Am 7. Mai empfing die Gemeinde Riehen erstmals ihre neue Partnergemeinde Val Terbi. Das dritte ‹Blue & White Dinner› fand am 17. Mai auf dem Dorfplatz statt

und zwei Tage darauf das sogenannte ‹Traditionsfahren› vom Bäumlihof zum Wenkenhof und zurück mit Pferdekutschen und in historischen Kostümen. An den Wenkenhofgesprächen wurde am 23./24. Mai die Frage ‹Die Welt am Abgrund?!› und damit der Klimawandel diskutiert. Am 29. Mai erhielt Matthias Liechti im Wenkenhof den Kulturförderpreis 2019 der Alexander Clavel-Stiftung. Der Kulturpreis der Gemeinde wurde am 24. Juni an Gregor Hilbe vergeben (siehe separaten Beitrag). Trotz Hitze gut besucht war der ‹Räbesunntig› auf dem ‹Wyguet Rinklin› am 30. Juni, der einmal mehr das Riehener Kulturjahr abschloss.

Nach der Jodlermesse im Schlipf gab es am ‹Räbesunntig› Speis und natürlich vor allem Trank.

SPORT

Sportchronik

JULI 2018 BIS JUNI 2019

ROLF SPRIESSLER

Im Sportjahr 2018/19 machten Riehener Sportlerinnen und Sportler wiederum international auf sich aufmerksam: so verschiedene Mitglieder der Bogenschützen Juventas, die mit dem Sportpreis der Gemeinde Riehen ausgezeichnet wurden (siehe separaten Beitrag), der Leichtathlet Silvan Wicki an der Europameisterschaft in Berlin oder die Taekwondo-Sportlerin Maria Gilgen, die ihre erste EM-Medaille gewann. Der in Riehen stationierte Basler Ruder-Club schickte drei Ruderinnen an die Junioren-EM 2019 und der U19-Junioren-Achter wurde als Basler Nachwuchsteam des Jahres 2018 ausgezeichnet. Katrin Leumann trat zurück. Ernst Dänzer erhielt den Sport Basel Preis für 2018. Und der KTV Riehen feierte sein 100-Jahr-Jubiläum. Im Fussball und Unihockey waren Rückschläge zu verkraften.

BASKETBALL

Die Basketballerinnen des CVJM Riehen beendeten die Zweitligameisterschaft 2018/19 auf dem 5. Platz. Im BVN-Regionalcup erreichten sie die Halbfinals, wo sie JuraBasket mit 27:35 unterlagen.

Die CVJM-Männer wurden nach vielen Hochs und Tiefs Fünfte in der Zweitligameisterschaft.

Erstmals organisierte der CVJM Riehen in der Sporthalle Niederholz das Final-4-Turnier des Basketballverbands Nordwestschweiz mit den Finals um die Regionalmeistertitel der Nachwuchskategorien und den BVN-Cupfinals der Männer und Frauen. Als einziges CVJM-Team qualifizierten sich die U15-Junioren als Qualifikationszweite für das Finalturnier und wurden schliesslich Meisterschaftsvierte. Die Cupfinals gewannen der BC Bären Kleinbasel (Männer) und der BC Arlesheim (Frauen).

Teamfoto der U15-Junioren des CVJM Riehen am Final-4-Turnier in der Sporthalle Niederholz vor dem Halbfinal am Samstag.

BIATHLON

Der Ski- und Sportclub Riehen (SSCR) organisierte am 30./31. März 2019 in Notschrei im Schwarzwald erstmals die Biathlon-Schweizermeisterschaften. Mit Aline König (Silber Massenstart Juniorinnen), Annatina Bieri (Bronze Sprint Juniorinnen und Bronze Massenstart Juniorinnen) und Mario Dolder (Bronze Sprint Männer Elite) holten drei SSCR-Vereinsmitglieder insgesamt vier Medaillen.

Aline König im Massenstart-Rennen auf dem Weg zur Silbermedaille bei den Juniorinnen.

BOGENSCHIESSEN

An den Outdoor-Europameisterschaften Ende August 2018 in Legnica (Polen) belegte der Riehener Florian Faber im Männer-Einzel mit dem olympischen Recurve-Bogen den 33. Platz. Zusammen mit der Genferin Valentine de Giuli wurde er Neunter im Mixed-Team-Wettkampf.

An den Outdoor-Schweizermeisterschaften vom 25./26. August 2018 in Bern gewann Juventas-Schütze Dominik Faber den Recurve-Titel bei den Männern, Olga Fusek den Recurve-Titel bei den Frauen und Dominik Faber zusammen mit Rajan Kalapurayil und Christoph Schiek den Mannschafts-Titel.

An den Hallen-Schweizermeisterschaften vom 23./24. März 2019 in Magglingen feierten die Bogenschützen Juventas im Recurve-Einzel der Männer mit Florian Faber, Rajan Kalapurayil und Adrian Faber einen Dreifacherfolg, Dominik Faber wurde Fünfter. Die drei Einzel-Medaillengewinner holten auch den Team-Schweizermeistertitel. Olga Fusek gewann bei den Frauen Bronze.

Im Rahmen des Europa-Grand-Prix-Turniers vom 9. bis 13. April 2019 in Bukarest (Rumänien) erzielte Florian Faber in der Qualifikation mit 673 Punkten einen neuen Schweizerrekord und holte als Dritter des Quotenplatzturniers für die Schweiz einen Einzel-Quotenplatz für die European Games 2019 in Minsk (Weissrussland).

Olga Fusek am Turnier um den Goldenen Bogen 2019 in Basel.

Am Wochenende vom 18./19. Mai 2019 organisierten die Bogenschützen Juventas auf ihrer Anlage im Stettenfeld mit der ‹Riehener Runde› kurzfristig ein offizielles Turnier, an dem Florian Faber seinen eigenen Schweizerrekord mit 677 Punkten verbesserte. Adrian Faber und Olga Fusek erfüllten im letzten Moment die Limiten für die Teilnahme an der Universiade (Studentenweltspiele) von Anfang Juli in Napoli (Italien).

An den Outdoor-Weltmeisterschaften vom 9. bis 16. Juni in 's-Hertogenbosch (Niederlande) erreichte Florian Faber im Recurve-Einzelwettkampf der Männer den 33. Platz und Rajan Kalapurayil den 130. Platz unter 200 Schützen. Zusammen mit dem Berner Thomas Rufer schossen sie mit 1956 Punkten einen neuen Nationalmannschafts-Schweizerrekord und belegten den 28. Platz unter 55 Mannschaften.

An den European Games vom 21. bis 30. Juni 2019 in Minsk (Weissrussland) wurde Florian Faber im Recurve-Einzel-Wettkampf der Männer hervorragender Siebter.

FUSSBALL

In der Saison nach dem Aufstieg in die 2. Liga Regional stieg der FC Amicitia I als Zweitletzter wieder in die 3. Liga ab. Der FC Amicitia wurde als Zweitletzter der Drittligagruppe 1 in die 4. Liga relegiert. Bei den Junioren schaffte der FC Amicitia in der Herbstrunde auch mit den B-Junioren den Aufstieg in die Meisterklasse und war im Frühjahr 2019 in allen Grossfeld-Altersklassen (A–C) in der höchsten Spiel-

Die A-Junioren des FC Amicitia im Heimspiel gegen Concordia.

klasse vertreten. Im Frühjahr stiegen nur die C-Junioren mit einem sehr jungen Team regulär ab. Amicitia zog aber die B-Junioren aus der Meisterklasse zurück und konzentrierte sich für die neue Saison 2019/20 auf ein stark verjüngtes Drittligateam und ein mit B-Junioren ergänztes A-Junioren-Meisterklasse-Team.

Der FC Riehen zog sein Viertligateam nach der Vorrunde 2018/19 aus dem Meisterschaftsbetrieb zurück. Der Tiefpunkt war erreicht, als das Team am 23. September 2018 im Meisterschaftsspiel gegen Concordia II einen nicht lizenzierten Spieler unter falschem Namen einsetzte, was aufflog; der Riehener Sieg wurde in eine Forfait-Niederlage umgewandelt, das Team erhielt sechs weitere Strafpunkte und gegen den fehlbaren Spieler, den Captain und den Trainer wurden Sperren ausgesprochen. Der 1916 gegründete FC Riehen nahm in der Rückrunde 2018/19 nur noch mit einem Senioren 50+ Team auf dem Kleinfeld an der Meisterschaft teil.

JUDO

Der Riehener Judoka Gabriel Pfister, der von Judosport Birsfelden zu Judo-Sport Liestal gewechselt hatte, war 2018 der Schweizer Jahresbeste der Junioren U21 in der Gewichtsklasse bis 66 Kilogramm, wurde an der Schweizermeisterschaft vom 17. November 2018 in St. Gallen als Topgesetzter aber nur Achter. In der Elite bis 66 Kilogramm wurde er als Nummer 4 des Turniers SM-Siebter.

KUNSTTURNEN

Am Kantonalen Kunstturnerinnentag beider Basel in Bottmingen vom 11. Mai 2019 wurde die Riehenerin Sonja Stauffiger in der höchsten Kategorie 6A zum vierten Mal in Serie Basel-Städter Meisterin, Carole

Die Turnerinnen Open und P6 des TV Basel-Stadt an den Kunstturnerinnentagen beider Basel, vorne von links: Linn Bertolli, Leana Rodriguez, Siri Pausa, Sonja Stauffiger, Léna Leibundgut; hinten von links: Kate Chakravarty, Leonie Claria, Annik Neumann und Carole Weidele.

Weidele gewann Bronze, Léna Leibundgut wurde Fünfte. Siri Pausa wurde Baslermeisterin in der Open-Kategorie, Annik Neumann wurde Vierte, Linn Bertolli Fünfte.

Die Kunstturnerinnen des TV Basel-Stadt bei ihrer Show zum Empfang der Basel-Städter Vereine am Eidgenössischen Turnfest auf dem Basler Marktplatz.

Silvan Wicki freut sich im Olympiastadion in Berlin über seinen gelungenen EM-Vorlauf über 100 Meter.

LEICHTATHLETIK

An den Leichtathletik-Schweizermeisterschaften vom 13./14. Juli 2018 in Zofingen wurde der Riehener Silvan Wicki (BTV Aarau) in 10,17 Sekunden hinter Schweizerrekordhalter Alex Wilson (Old Boys Basel, OB) 100-Meter-Vizemeister. Damit ist Wicki hinter Wilson und Dave Dollé (LC Zürich) der drittschnellste Schweizer aller Zeiten. Auch über 200 Meter holte Silvan Wicki in 20,62 Sekunden SM-Silber. Der in Riehen aufgewachsene Nils Wicki (OB) wurde Schweizermeister im Dreisprung. Der TV Riehen war mit vier Mitgliedern am Start. Marco Thürkauf wurde Sechster im Weitsprung, Karin Olafsson Sechste im Speerwerfen. Die Vorläufe bestritten Nicole Thürkauf über 200 Meter und Céline Niederberger über 400 Meter. Silvan Wicki bestritt im August 2018 die Europameisterschaften in Berlin, qualifi-

U18-Schweizermeisterin im Hammerwerfen, Annik Kähli, in Frauenfeld neben der Tafel, die ihre Siegesweite anzeigt.

zierte sich über 100 Meter in 10,28 Sekunden für die Halbfinals, verpasste aber die 200-Meter-Halbfinals in 20,93 Sekunden. Mit der 4x100-Meter-Staffel der Schweiz lief er auf Platz 10.

An den Staffel-Schweizermeisterschaften vom 2. September 2018 in Thun gewann der TV Riehen Gold im 5x80-Meter-Lauf der Männlichen U16 (Ryan Schaufelberger, Cedric Reinhard, Daniel Konieczny, Thimo Roth, Patrick Anklin) und Silber im 4x100-Meter-Lauf der Juniorinnen U20 (Jara Zwahlen, Melanie Böhler, Céline Niederberger, Nicole Thürkauf).

An den Nachwuchs-Schweizermeisterschaften U20/U23 vom 8./9. September 2018 in Aarau war der TV Riehen mit 15 Mitgliedern vertreten. Im 400-Meter-Hürden-Final der Juniorinnen U20 gewann Elena Kaufmann Silber, Nicole Thürkauf Bronze und Corinne Stäuble wurde Sechste. Birk Kähli gewann Silber im Hammerwerfen der Junioren U20, Aline Kämpf wurde Sechste im Kugelstossen der Juniorinnen U20, Robin Mauch Sechster im Kugelstossen der Männlichen U23 und Tedros Sium Siebter im 5000-Meter-Lauf der Junioren U20.

Aline Kämpf und Birk Kähli, die am Eidgenössischen Turnfest in Aarau den Sie + Er-Mehrkampf gewonnen haben, an der TVR-Feier auf der Zolli-Terrasse in Basel.

An den Nachwuchs-Schweizermeisterschaften U16/U18 vom 8./9. September 2018 in Frauenfeld war der TV Riehen mit 15 Athletinnen und Athleten am Start. Annik Kähli wurde Schweizermeisterin im Hammerwerfen der Weiblichen U18. Patrick Anklin lief im 80-Meter-Sprint der Männlichen U16 in den Final und wurde dort Sechster.

An der Team-Schweizermeisterschaft vom 15. September 2018 in Regensdorf gewannen Elena Kaufmann, Céline Niederberger, Corinne Stäuble und Nicole Thürkauf im 400-Meter-Hürdenlauf der Frauen die Bronzemedaille.

Am 22./23. September führte der TV Riehen im Auftrag des Schweizerischen Turnverbands (STV) den Schweizer Final im Leichtathletik-Mannschafts-Mehrkampf durch und gewann dabei dreimal Gold (Männliche U18, Männliche U16, Weibliche U20), einmal Silber (Weibliche U18) und einmal Bronze (Weibliche U16).

Am 4. November 2018 feierte der ‹Basel Running Day› mit Start und Ziel auf dem Sportplatz Grendelmatte seine Premiere. Es waren 226 Läuferinnen und Läufer am Start.

An den Hallen-Mehrkampf-Schweizermeisterschaften vom 2./3. Februar 2018 in Magglingen gewann Birk Kähli (TVR) im Siebenkampf der Männer die Bronzemedaille.

An den Hallen-Schweizermeisterschaften der Aktiven vom 16./17. Februar 2019 in St. Gallen wurde Silvan Wicki Meister im 60-Meter-Lauf der Männer. Bruder Nils Wicki wurde Meister im Dreisprung. Der TV Riehen war mit drei Mitgliedern am Start. Marco Thürkauf wurde Zehnter im Weitsprung, Céline Niederberger bestritt die 400-Meter-Vorläufe, Aline Kämpf die 60-Meter-Vorläufe.

An den Hallen-Nachwuchs-Schweizermeisterschaften vom 23./24. Februar 2019 in Magglingen wurde Norina Sankieme (TVR) mit der Vereinsrekordweite von 10,86 Metern Sechste im Dreisprung der Weiblichen U18. Yeshe Thüring wurde Achter im Hoch- und Zehnter im Weitsprung der

Die 400-Meter-Hürden-Finalistinnen der Juniorinnen U20 auf der Gegengeraden mit den drei Riehenerinnen Elena Kaufmann (Nr. 412), Nicole Thürkauf (Nr. 419) und Corinne Stäuble (Nr. 418).

Männlichen U16, Alexia Groh Neunte im Hochsprung der Weiblichen U18. Cédric Dieterle verpasste den 400-Meter-Final der besten vier U20-Junioren um 9 Hundertstelsekunden. Der TV Riehen war mit insgesamt 9 Athletinnen und Athleten am Start.

An den Hallen-Europameisterschaften vom 1. bis 3. März 2019 in Glasgow (Schottland) erreichte Silvan Wicki in 6,75 Sekunden die 60-Meter-Halbfinals und belegte den 18. Schlussrang.

Am Eidgenössischen Turnfest vom 5. bis 16. Juni 2019 in Aarau gewann die Jugendriege des TV Riehen den Dreiteiligen Vereinswettkampf, Birk Kähli und Aline Kämpf gewannen den Sie+Er-Mehrkampf, Céline Niederberger gewann Bronze im Frauen-Vierkampf, die TVR-Frauen mit Céline Niederberger, Norina Sankieme, Annik Kähli und Alexia Groh gewannen Bronze im Leichtathletik-Mannschafts-Mehrkampf und Marco Thürkauf wurde Fünfter im Sechskampf der Männer. Im Dreiteiligen Vereinswettkampf der Aktiven belegte der TV Riehen den 9. Platz. Am 36. Chrischonalauf des SSC Riehen vom 26. Juni 2019 holte sich der Junior Tedros Sium (TVR) den Tagessieg. Bei den Frauen gewann Serena Teoh (Basel) vor der Riehenerin Nicole Bühler.

ORIENTIERUNGSLAUF

Am 15. Januar 2019 organisierte der SSC Riehen in Zusammenarbeit mit der OLG Basel den 20. Riehener Nacht-Dorf-OL. Die Sieger des Jubiläumslaufs mit Besammlung und Ziel auf dem Gelände des Schul- und Förderzentrums Wenkenstrasse waren David von Arx (Olten) auf der Lang-, Michael Hofer (Aesch) auf der Mittel- und Annika Wirz mit Hannah Wirz (Bettingen) auf der Kurzdistanz sowie Sandro Brogli (Liestal) im Sprint und Samia Brodmann mit Linn Bühler (Riehen) im erstmals ausgetragenen Kinderlauf.

RADSPORT

Aufgrund ihrer Leistungen in der Saison 2018 wurde Katrin Leumann von Swiss-Cycling für die Crosscountry-Weltmeisterschaft Anfang September in Lenzerheide selektioniert. Da sie zum Zeitpunkt der WM in fortgeschrittenem Stadium schwanger war, verzichtete sie auf einen WM-Start, gab ihren Rücktritt vom Wettkampfsport bekannt und feierte am 19. August am

Gruppenbild der Jugendriege des TV Riehen am Eidgenössischen Turnfest in Aarau.

Swiss-Bike-Cup-Rennen auf dem Schänzli ihren Abschied. Die Europa- und Staffelweltmeisterin von 2010 und zweifache Olympiateilnehmerin drehte vor den Spitzenfahrerinnen eine Runde auf der Trabrennbahn, stieg in der Anfangsphase des Rennens vom Rad und liess sich im Zielraum feiern.

An den Mountainbike-Weltmeisterschaften vom September 2018 in Lenzerheide wurde die in Riehen lebende Amerikanerin Anna Newkirk für die USA Juniorinnen-Vizeweltmeisterin im Downhill-Rennen.

Der U19-Junioren-Achter des Basler Ruder-Clubs an der Schweizermeisterschaft 2018 auf dem Rotsee.

Der Schweizer Juniorinnen-Doppelzweier in Essen mit Julia Andrist (links) und Seraina Fürholz.

RUDERN

An den Schweizermeisterschaften vom 6. bis 8. Juli 2018 auf dem Rotsee gewann der in Riehen beheimatete Basler Ruder-Club (BRC), der mit 21 Booten und insgesamt 35 Mitgliedern antrat, acht Medaillen, nämlich viermal Gold, zweimal Silber und zweimal Bronze. Zwei Titel holten sich die U15-Juniorinnen Vivien Goretic und Paula Bieg im Doppelzweier und im Doppelvierer (zusammen mit Joy Bolliger vom SC Biel und Alexa von Schulenburg vom SC Küsnacht). Gold holten sich auch Katharina Ebert und Meret Renold im Zweier ohne der Juniorinnen U19 sowie der U19-Junioren-Achter (Julius Olaf, Siemen Veenstra, Johannes Singler, Mika Jakobs, Philipp Kraft, Clay Ivakovic, Tjark Pfister, Jonathan Bieg und Steuerfrau Xenia Gusset). Silber gab es für Michael Fehlbusch im Einer Masters Ü55 sowie Michael Fehlbusch und Martin Streb im Doppelzweier Masters Ü55. Bronze schliesslich holten sich der U15-Junior Henrik Angehrn (im U15-Doppelzweier mit Simon Uske, RC Aarburg) und Andreas Chiquet mit Sabine Horvath im Mixed-Doppelzweier der Masters Ü55.

Am Coupe de la Jeunesse Ende Juli 2018 in Cork (Irland) war der BRC mit drei Athletinnen vertreten. Julia Andrist ruderte im Schweizer Juniorinnen-Doppelvierer und holte in Cork Gold und Silber. Katharina Ebert und Meret Renold wurden im Zweier ohne zweimal Vierte.

Katharina Ebert wurde als Ersatzruderin für die Junioren-WM nachselektioniert, die vom 9. bis 12. August 2018 in Racice (Tschechien) stattfand, kam im Vierer ohne zum Einsatz und belegte dort den 8. Platz.

An den Junioren-Europameisterschaften vom 18./19. Mai in Essen (Deutschland) wurden die BRC-Ruderinnen Katharina Ebert und Meret Renold zusammen mit Anne-Sophie Leunig (SC Küsnacht) und Célia Dupré (CA Vésenaz) im Doppelvierer Sechste und für die Junioren-WM vom August 2019 in Tokyo (Japan) selektioniert. Julia Andrist erreichte mit Seraina Fürholz (RC Zürich) im Doppelzweier den 15. Platz.

SCHACH

In der Schweizerischen Mannschaftsmeisterschaft 2018 der Nationalliga A holte sich die Schachgesellschaft Riehen (SG) hinter Luzern und Genf Bronze. Die SG Riehen II kam in der Nationalliga-B-Westgruppe auf Platz 3, die SG Riehen II wurde in ihrer Erstligagruppe Zweite. Am Meisterturnier des Schachfestivals Basel, das vom 2. bis 6. Januar 2019 zum vierten Mal im Landgasthof Riehen ausgetragen wurde, gab es mit dem 27-jährigen Inder C. R. G. Krischna einen neuen Sieger. Das Allgemeine Turnier über sieben Runden gewann der Inder Arun Manukonda. Das erstmals ausgetragene Weekend-Turnier über fünf Runden gewann der knapp 20-jährige Schweizer Christophe Borer.

In der Schweizerischen Gruppenmeisterschaft 2018/19 wurde die SG Riehen in der 1. Bundesliga Vierte und schaffte damit den Klassenerhalt in der höchsten Klasse dieses Mannschaftswettbewerbs.

An den Regionalen Einzelmeisterschaften des Nordwestschweizer Schachverbands in Therwil gab es mit Robert Luginbühl und Wolfgang Brait einen Doppelsieg für die SG Riehen.

SCHWINGEN

Der Riehener Florian Nyffenegger qualifizierte sich für den Eidgenössischen Nachwuchsschwingertag vom 26. August 2018 in Landquart, erreichte den Ausstich, womit er alle sechs Runden bestreiten konnte, und belegte bei den Schwingern mit Jahrgang 2001 mit einem Sieg, einem gestellten Gang und vier Niederlagen Platz 19b.

STEPPTANZ

An den Stepptanz-Schweizermeisterschaften vom 8./9. September 2018 in Fribourg wurde die Riehenerin Viviane Spriessler Kinder-Schweizermeisterin im Solo der Mädchen. Federica Barbieri aus Basel wurde Vizeschweizermeisterin im Solo der Juniorinnen. Die Stepptanzschule ‹tanzwerk›, die ihre Wurzeln in Riehen hat, nahm mit sieben Choreografien teil und gewann den Titel bei den Small-Groups der Kinder, Silber im Duo der Juniorinnen mit Nina Niklaus und Noé Zimmermann und Bronze im Junioren-Trio mit Linda Stefanutti, Luria Hampe und Simona Gallacchi.

Viviane Spriessler an der Stepptanz-Schweizermeisterschaft in Fribourg.

Viviane Spriessler nahm an den IDO-Stepptanz-Weltmeisterschaften vom 27. November bis 1. Dezember 2018 in Riesa (Deutschland) teil, belegte im Solo der Mädchen den 15. Platz und wurde mit dem 73-köpfigen Schweizer Nationalteam Weltmeisterin bei den Produktionen. Dort dabei waren auch Federica Barbieri, Céline Mathys, Simona Gallacchi, Luria Hampe, Linda Stefanutti und Noë Zimmermann.

TAEKWONDO

An den Poomsae-Schweizermeisterschaften vom 15. September 2018 in Wattwil holte die Taekwondo-Schule Riehen 11 Gold-, 3 Silber- und 9 Bronzemedaillen und gewann die Schulwertung. Meistertitel holten Maria Gilgen (Kat. A Solo Frauen Masters 41+), Daniel Morath (Kat. A Solo Junioren 14–17 J), Laura Faschiano und Daniel Morath (Kat. A Duo Junioren 14–17 J), Cleo Kaufmann, Madlaina Dietrich und Laura Faschiano (Kat. A Team Junioren 14–17 J), Jonathan Michaelis (Kat. B Solo Junioren

Vize-Europameisterin Maria Gilgen an der Poomsae-EM in Antalya (Türkei).

14–17 J), Mathien Tanael (Kat. C Solo Knaben 7–10 J), Clara Michaelis und Mathien Tanael (Kat. C Paar Minimes 7–10 J), Claudia Machaj (Kat. D Solo Frauen Masters 41+), Florian Kaufmann (Kat. D Solo Junioren 14–17 J), Liv van Aarhem (Kat. D Solo Kadettinnen 11–13 J) und Sjdnej Ferreira (Kat. D Solo Minimes Female 7–10 J).

An den Poomsae-Weltmeisterschaften im Taekwondo vom 15. bis 18. November 2018 in Taipeh (Taiwan / China) qualifizierte sich Maria Gilgen von der Taekwondo-Schule Riehen in der Altersklasse Frauen bis 50 Jahre unter Teilnehmerinnen aus 18 Nationen für den Final der besten acht Athletinnen, unterlag in den Viertelfinals der späteren Vizeweltmeisterin Leila Kocheida aus Frankreich mit 6,930 zu 7,110 Punkten und wurde hervorragende Fünfte.

An den Poomsae-Europameisterschaften vom 2. bis 4. April 2019 in Antalya (Türkei) gewann Maria Gilgen in der Altersklasse bis 50 Jahre hinter der Französin Leila Kocheida die Silbermedaille. Es war bei ihrer dritten internationalen Meisterschaft ihre erste Medaille.

Das junge Männer-Zweitliga-Interclubteam des TC Riehen, vorne kniend: Nicolas Schwyzer, Karl Schweizer, Nico Kolakovic, Christopher Reiff; hinten stehend: Steven Schudel, Joris Fricker, David Mumenthaler.

TENNIS

Der Tennis-Club (TC) Riehen nahm mit sieben Teams an der Interclub-Meisterschaft 2019 teil. Das neu gebildete, sehr junge erste Männerteam erreichte als Gruppensieger die zweite Aufstiegsrunde und verpasste den Aufstieg in die 1. Liga ganz knapp. Das zweite Männerteam schaffte in der 2. Liga den Klassenerhalt. Die Männer 45+ wurden Gruppensieger in der 2. Liga und verpassten den Aufstieg in der zweiten Aufstiegsrunde. Die Frauen 30+ und die Männer 45+ stiegen aus der Nationalliga C ab. Die Frauen 40+ stiegen aus der 2. Liga ab und das zweite Team der Männer 45+ erreichte in der 3. Liga Platz 5. Die Interclub-Männer 35+ des TC Stettenfeld mussten in der 1. Liga in die Abstiegsspiele, machten dort aber den Klassenerhalt perfekt.

TRAMPOLIN

Der 15-jährige Riehener Nils Bothe qualifizierte sich im Freestyle-Trampolin für die GT Games Europe, die am 3. bis 5. August 2018 in Ollerup (Dänemark) stattfanden, und gewann dort Gold im ‹30 Seconds Freestyle› und Silber im ‹Two Trick› und wurde so auch ‹Overall Champion›.

Im Rahmen des Freestyle-Trampolin-Events vom 15./16. Februar 2019 in Belp qualifizierte sich Nils Bothe als Sieger des Schweizer Qualifikationsturniers für die GT Games Europe 2019.

Trampolinspringer Nils Bothe mit seinen zwei Medaillen und dem Camp-Diplom an den GT Games Europe in Ollerup.

UNIHOCKEY

In einer Saison mit grossen Leistungsschwankungen verpasste das erste Frauenteam des Unihockey-Clubs (UHC) Riehen in der Erstliga-Kleinfeldmeisterschaft 2018/19 die Playoff-Viertelfinals als Gruppenfünfter ganz knapp. Im Ligacup (Kleinfeld-Schweizercup) qualifizierte sich das Team für die Viertelfinals und verlor dort zu Hause gegen UHCevi Gossau mit 6:11.
Die Kleinfeld-Männer des UHC Riehen wurden in der dritten Saison nach dem Aufstieg in die höchste Kleinfeld-Liga in die Auf-/Abstiegsplayoffs verwiesen, verloren dort in zwei Spielen gegen den Zweitligisten Ramba Zamba Merenschwand und stiegen in die 2. Liga ab.

Das Männer-Grossfeldteam des UHC Riehen wurde in der Drittligameisterschaft Gruppenzweitletzter und stieg in die 4. Liga ab. Darauf zog der Verein das Männer-Grossfeldteam für die Saison 2019/20 zurück. Die Spieler schlossen sich teils dem eigenen Kleinfeldteam, teils dem Grossfeldteam der Sharks Münchenstein (3. Liga) an oder traten zurück.

Die Riehen Turtles meldeten kein Team mehr an für die Kleinfeld-Meisterschaft der Männer.

Die E-Junioren des UHC Riehen in einem Heimrundenspiel gegen den TV Flüh-Hofstetten-Rodersdorf in der Sporthalle Niederholz.

Das vorläufig letzte Grossfeld-Spiel des UHC Riehen – im Schweizer Cup unterliegt das Team zu Hause White Horse Lengnau mit 7:8 nach Penaltyschiessen.

UNTERWASSERRUGBY

Nach einjährigem Unterbruch wegen der Sanierung des Gartenbads Eglisee organisierte der Riehener Verein UW-Rugby Bâle vom 17. bis 19. August 2018 im Eglisee das 17. Turnier um den Läckerli-Cup. Manta Saarbrücken entschied den Final gegen den 1. TC Freiburg für sich. UW-Rugby Bâle belegte den 5. Rang unter 12 Teams.

VOLLEYBALL

Der Riehener Jonathan Jordan wurde im August 2018 in Rorschach zusammen mit Immanuel Zürcher aus Zürich U19-Schweizermeister im Beachvolleyball.

Unterwasserrugby-Turnier von UW-Rugby Bâle im Gartenbad Eglisee.

Die Volleyballerinnen des KTV Riehen wurden in der Saison 2018/19 in ihrer Erstligagruppe Dritte und verpassten damit die Playoffs um einen Platz. Das zweite Frauenteam belegte in der 2. Liga Platz 2. Die KTV-Männer wurden als letztjährige Regionalmeister Dritte in der Zweitligameisterschaft.

Die Erstliga-Volleyballerinnen des KTV Riehen im Meisterschafts-Heimspiel gegen Volley Lugano.

Die Volleyballerinnen des TV Riehen gewannen am 21. Oktober 2018 in der Sporthalle Bäumlihof ihr Heimturnier in der Kategorie Easy League / 5. Liga.

RELIGION

EVANGELISCH-REFORMIERTE KIRCHGEMEINDE RIEHEN-BETTINGEN

JULI 2018 BIS JUNI 2019

ANDREAS KLAIBER

GEMEINDEKREIS RIEHEN-DORF

Der Umbau der Eulerstube im Meierhof und der Einbau einer Küche konnten dank erfreulich vieler Spenden realisiert werden. Seit August absolviert Silas Deutscher sein Vikariat in Riehen-Dorf. Angesichts der finanziellen Herausforderungen für die gesamte Kirchgemeinde wurde im November im Gemeindekreis Dorf ein Konzept erarbeitet, wie gespart, aber auch sinnvoll investiert werden könnte. Es entstand die ‹Vision›, neben verschiedenen Sparmassnahmen eine Jugendpfarrstelle für die ganze Gemeinde zu schaffen, die Silas Deutscher nach Abschluss seines Vikariats übernehmen könnte. Diese Stelle müsste vor allem aus Spendengeldern finanziert werden.

Einer der Höhepunkte im Gemeindeleben waren die Anlässe rund um das Liederbuch des Riehener Reformators Ambrosius Kettenacker aus dem frühen 16. Jahrhundert (siehe separaten Beitrag): Eine von Pfarrerin Martina Holder gestaltete Ausstellung zu Kettenacker und eine von Friedhelm Lotz erarbeitete zu dessen Liederbuch im Geistlich-Diakonischen Zentrum stiessen auf reges Interesse. Die Kettenacker-Lieder wurden vom Ensemble Leones in einem Konzert in der Dorfkirche

Uraufführung des Liederbuchs von Ambrosius Kettenacker in der Dorfkirche.

uraufgeführt. Auch im Gottesdienst am Reformationssonntag gedachten das Pfarrteam und der Kirchenchor Kornfeld dieser Zeit.

GEMEINDEKREIS KORNFELD-ANDREAS

Ein reger Personalwechsel prägte das Jahr. Auf Pfarrerin Muriel Koch folgte Pfarrerin Audrey Drabe für eine auf zwei Jahre befristete 25-Prozent-Stelle. Das Sigristamt in der Kornfeldkirche wechselte von Marina Zumbrunnen zu Sarah Meister und im Andreashaus ging Paul Spring nach 36 Berufsjahren in den vorzeitigen Ruhestand. Sein Nachfolger ist Raphael Zumbrunnen.

Sommersonnenwende auf der Andreasmatte.

Weihnachtsmusical in der Kornfeldkirche.

Seit August gibt es in der Kornfeldkirche das Kornfeld-Café, das von der Gemeinde Riehen für eine befristete Zeit finanziell getragen wird und die Gemeinschaft im Quartier stärken soll.

Sein 10-jähriges Jubiläum konnte das Kornfeld-Forum feiern, der offene Gesprächskreis, der fünfmal im Jahr brisante Themen diskutiert. Ein grosses Angebot sprach wiederum Kinder und Familien an.

Erwähnt seien hier die wöchentlichen Spielnachmittage und das Weihnachtsmusical, das zwei Mal aufgeführt wurde. Themenbezogene Gottesdienste waren lokalen und internationalen Persönlichkeiten gewidmet: Hans Küng, Helmut Gollwitzer, Karl Barth und Zwingli aus der Kirchengeschichte, Egon Schiele, Rembrandt van Rijn, Pablo Picasso und Jerg Ratgeb aus der Kunstgeschichte sowie aus der Musikgeschichte Antonín Dvořák mit seinen biblischen Liedern und den Basler Liederdichtern Abel Burckhardt und Christoph Riggenbach.

GEMEINDEKREIS BETTINGEN
Das Fundraising für den Kirchenneubau in Bettingen war sehr erfolgreich. Die Synode und die politische Gemeinde genehmigten das Projekt. Mit der Bauphase kann bald begonnen werden.
Neue Angebote wie die Gemeindebibelstunden und das wöchentliche ‹Mothers in Prayer› bereicherten das Gemeindeleben. Der Teenieclub sammelte unter der Leitung von Jugendarbeiter Andreas Zenger 130 ausgediente Velos für Afrika, die von der Organisation Velafrica instand gesetzt und verschifft wurden.

ALTERS- UND PFLEGEHEIMSEELSORGE
Die Zusammenarbeit mit den Gemeindepfarrämtern und der Kommunität Diakonissenhaus ermöglichte im Jahreslauf 60 reformierte Gottesdienste in den vier Heimen Humanitas, Dominikus, Wendelin und Adullam. Der zusätzliche Dienst im Dandelion Kleinbasel und viele Anfragen für Abdankungen machen die Aufgabe für Pfarrer Lukas Wenk sehr anspruchsvoll, dessen Stelle zudem durch Spenden finanziert werden muss.

GESAMTGEMEINDE
Die Kirchgemeindeversammlung im April 2019 war von der emotionalen und kontroversen Diskussion über die Planung der nächsten Jahre geprägt. Der Spardruck nimmt aufgrund der finanziellen Lage weiter zu. Die Personalkosten müssen reduziert werden. Trotzdem entschied eine Zweidrittelmehrheit, die Schaffung einer neuen Jugendpfarrstelle einzuplanen. Das erfordert insgesamt mehr Spenden, da immer weniger Lohnkosten mit Steuereinnahmen beglichen werden können. An der Kirchgemeindeversammlung wurden auch der Kirchenvorstand und die Synodalen für die kommende Legislaturperiode gewählt. Mit Dank verabschiedet wurde das aus dem Vorstand scheidende Ko-Präsidium: Annekäthi Heitz und Freddy Merz. Sie leisteten während vieler Jahre mit Engagement und enormem Zeitaufwand grosse Arbeit für die Kirchgemeinde.

Velos für Afrika.

RÖMISCH-KATHOLISCHE PFARREI ST. FRANZISKUS RIEHEN-BETTINGEN

JULI 2018 BIS JUNI 2019

MARIE-CHRISTINE FANKHAUSER-KREMSER

Erstkommunion am 5. Mai 2019.

Firmung am 8. Juni 2019.

Vom 4. bis 25. November 2018 fand das Riehener Orgelfestival in der Franziskuskirche seine 26. Fortsetzung. Auch in diesem Jahr konnten für die vier Konzerte herausragende Solistinnen und Solisten gewonnen werden: Mit Eleonora Biscevic (Traversflöte) und einem Streicherensemble der Schola Cantorum Basiliensis, der Riehenerin Sarah O'Brien (Harfe), Roland Götz und den Aureliussängern aus Hirsau (D) sowie unserem Organisten Tobias Lindner war das Festival ein buntes Kaleidoskop hervorragender Musikerlebnisse.

An der Erstkommunion vom 5. Mai 2019 mit dem Thema «Jesus ist unser Leuchtturm» nahmen 24 Mädchen und Buben teil. Sie wurden zu diesem grossen Tag von Cornelia Schumacher Oehen und Pfarrer Werner Vogt begleitet und geführt. Mit unserer Katechetin Cornelia Imboden reisten zehn Jugendliche unserer Pfarrei vor Ostern nach Rom als Vorbereitung auf die Firmung, die Domherr René Hügin am 8. Juni für alle 16 Firmlinge in einem eindrücklichen Gottesdienst vollzog.

Auch im vergangenen Jahr wirkte St. Franziskus bei mehreren bereichernden ökumenischen Anlässen mit wie ‹Riehen betet›, dem Martinsumzug, der ökumenischen Einheitswoche, der Kinderwoche KIWO, bei ökumenischen (Jugend-)Gottesdiensten und Taizé-Abendgebeten.

«Jesus ist unser Leuchtturm» – das Thema der diesjährigen Erstkommunion.

Dank dem grossen Einsatz vieler Freiwilliger und der Übernahme der Gottesdienste durch vertraute und beliebte Aushilfen konnte die Pfarrei auch das zweite Jahr der Pfarrvakanz gut gestalten. Unterstützt wurde sie dabei vom Pfarreiteam, von Pastoralraumpfarrer Stefan Kemmler und den Seelsorgern Toni Bucher und Odo Camponovo. Als sehr belastend für die Pfarrei St. Franziskus erwies sich die Pfarrwahl von Priester Stefan Küng, der seine Kandidatur vor dem Entscheid der Kirchgemeinde im Januar 2019 zurückzog. Kommunikativ stellte sie eine besondere Herausforderung dar und phasenweise war es unmöglich, den vielfältigen Ansprüchen in einem hochemotionalen Umfeld gerecht zu werden. St. Franziskus lebt von vielen engagierten Pfarreiangehörigen, die ihre Begabungen in unterschiedlichen Gruppierungen wie Kirchenchor, Pfadi St. Ragnachar, Besuchsdienst, Gebetsgruppen, Mittagstisch, Turnerinnengruppe, Wandergruppe, Taizé-Gruppe, Ministranten und Ministrantinnen, Liturgiegruppe, Frauenvereinigung, Freunde der Kirchenmusik, Heimkommission, Vinzenzkonferenz, Stiftung St. Franziskus, Synode und Pfarreirat einbringen – mit Jesus als Leuchtturm und im Vetrauen auf Gott in ihrer Mitte.

POLITIK

Schwerpunkte der Gemeindepolitik

AUSZUG AUS DEM GESCHÄFTSBERICHT DES RIEHENER GEMEINDERATS FÜR DAS JAHR 2018

STRUKTUREN

Die bestehenden Strukturen wurden im Gemeinderat im Zusammenhang mit der Verteilung der Geschäftskreise und der zukünftigen Zusammensetzung der Produktgruppen / Abteilungen gleich zu Beginn der neuen Legislatur auf der Grundlage eines durch die Verwaltungsleitung erstellten Arbeitspapiers diskutiert. Eine zentrale Frage war, ob den einzelnen Gemeinderatsmitgliedern für die neue Legislatur ganze Politikbereiche – d. h. Produktgruppen entsprechend der Verwaltungsorganisation und den Abteilungsstrukturen – zugewiesen werden sollen oder ob die Zuständigkeiten – wie in der vergangenen Legislatur teilweise auch – produktgruppen- resp. abteilungsübergreifend verteilt sein sollen. Der Gemeinderat entschied, sowohl die Zusammensetzung der Produktgruppen als auch die Verteilung der Geschäftskreise unverändert zu belassen. Die darüber hinausgehenden strukturellen Grundsatzfragen sollen im Rahmen der Systemüberprüfung PRIMA erörtert werden.

Die aus gesundheitlichen Gründen dauerhaft eingeschränkte Arbeitsfähigkeit des Generalsekretärs führte dazu, dass der Gemeinderat Ende 2018 den Entscheid zur Rekrutierung einer Nachfolgerin oder eines Nachfolgers traf. In diesem Zusammenhang entschied der Gemeinderat, das erst per 2016 eingeführte Modell mit Verwaltungsleitung und Generalsekretär/in als Verwaltungsdoppelspitze nicht anzutasten.

Der Gemeinderat liess sich überdies Ende 2018 durch den Verwaltungsleiter auch zu den Erfahrungen mit der Aufteilung zwischen verkleinerter Geschäftsleitung und Erweiterter Geschäftsleitung Bericht erstatten und nahm zur Kenntnis, dass sich dieses System grossteils bewährt hat, in einzelnen Bereichen aber noch Optimierungen vorgenommen werden.

STEUERUNGSINSTRUMENTE, ABLÄUFE, STANDARDS

Wie vorstehend angekündigt, ist die Systemüberprüfung PRIMA in Arbeit, mit der neben den Strukturen auch die Steuerungsinstrumente der Politik sowie die Abläufe und Standards überprüft werden sollen. Sowohl im Gemeinderat als auch in der Geschäftsprüfungskommission (GPK) sowie in der Finanzkoordinationskommission (FiKoko) wurde das Systemüberprüfungsthema mehrfach angesprochen. Ein besonders hervorzuhebender Bereich betrifft dabei den Rechnungslegungsstandard, wo für die Gemeinde Riehen nicht zuletzt aufgrund ihrer PRIMA-bedingten Alleinstellungsmerkmale ein gewisser Handlungsbedarf besteht (Stichwort: HRM2). Der Gemeinderat erteilte der Verwaltung den Auftrag, einen Vorgehensvorschlag für die Systemüberprüfung im Frühling 2019 zu unterbreiten. Sämtliche Stakeholder sollen frühzeitig und umfassend in die Systemüberprüfung PRIMA involviert werden.

Daneben bemühen sich Gemeinderat und Verwaltung laufend, die bestehenden Instrumente zu optimieren und Vereinfachungen in den Abläufen und Standards umzusetzen, um effektiver und effizienter zu werden. Ein gutes Beispiel dafür ist die Digitalisierung des Politikbetriebs des Gemeinderats und seit Mai 2018 auch des Einwohnerrats und damit verbunden dieser Geschäftsbericht, der nur noch in einer digitalen Version erstellt und publiziert wird und zur besseren Lesbarkeit und Navigation zwischen den einzelnen Themen neu in einer einzigen Datei zusammengefasst ist. Damit wurde die Unterscheidung zwischen Geschäftsbericht und Leistungs- und Rechenschaftsbericht (früher: Detailbericht zu den Produktgruppen) aufgehoben, um die nach wie vor zahlreichen Doppelspurigkeiten zwischen den beiden Dokumenten endgültig auszuräumen. Weitere Vereinfachungen in den Steuerungsinstrumenten, Abläufen und Standards werden – wo immer möglich – laufend umgesetzt.

GEMEINDEHAUSHALT

Das Jahresergebnis 2018 zeigt einen Überschuss von rund 2,9 Millionen Franken. Im Budget 2018 wurde mit einem Defizit von rund 5,1 Millionen Franken gerechnet. Die Hauptgründe für diese markante Budgetabweichung liegen einerseits im Bereich Neutrales, wo einmalige, ausserordentliche Steuer-Mehreinnahmen im Zusammenhang mit Straf- und Nachsteuern sowie Mehreinnahmen bei den Quellensteuern zu verzeichnen sind; andererseits liegen die Nettokosten im Politikbereich Mobilität und Versorgung um rund 4,2 Millionen Franken unter dem Budget.

Der vollständige Geschäftsbericht des Gemeinderats kann bei der Gemeindeverwaltung bezogen oder im Internet eingesehen werden unter www.riehen.ch.

Aus den Sitzungen des Einwohnerrats

JULI 2018 BIS JUNI 2019

SITZUNG VOM 22. AUGUST 2018

INTERPELLATIONEN

— Interpellation Martin Leschhorn Strebel betreffend Massnahmen gegen sexuelle Übergriffe
— Interpellation Kommission für Volksanregungen und Petitionen betreffend mögliche Massnahmen zum Schutz der Anwohner der aktuellen, baustellenbedingten Verkehrsumleitungsrouten
— Interpellation Peter Mark betreffend GPK Bericht Basel-Stadt
— Interpellation Regina Rahmen betreffend die ganztägigen Bauarbeiten am Sonntag, 29. Juli 2018, an der Lörracherstrasse
— Interpellation Pascal Messerli betreffend steigende Wassergebühren seit 2008
— Interpellation Thomas Widmer-Huber betreffend Gymnasialquote
— Interpellation Dieter Nill betreffend Parkplätze am Bachtelenweg
— Interpellation Franziska Roth betreffend Schullager
— Interpellation Alfred Merz betreffend bandenmässige Fahrraddiebstähle in Riehen

VORLAGEN UND BERICHTE

— Planungsauftrag Katja Christ und Kons. betreffend Ausbau des Fernwärmenetzes Riehen, Stellungnahme des Gemeinderats
— Bericht des Gemeinderats zum Anzug Roland Engeler-Ohnemus und Kons. betreffend energiefreundliche Schulhäuser
— Zwischenbericht des Gemeinderats zum Anzug Andreas Zappalà und Kons. betreffend Riehener Verkehrsnetz
— Bericht des Gemeinderats zum Anzug Andreas Tereh betreffend Kanalisierung der intensiven Nutzungsformen in Naherholungsräumen
— Bericht des Gemeinderats zum Anzug Roland Lötscher und Kons. betreffend ‹Gartenkind›
— Bericht des Gemeinderats zum Anzug Olivier Bezençon und Kons. betreffend logopädieverstärkte Klassen in Riehen

SITZUNG VOM 26. SEPTEMBER 2018

INTERPELLATIONEN

— Interpellation Paul Spring betreffend leer stehendes Fabrikgebäude Äussere Baselstrasse 303
— Interpellation Martin Leschhorn Strebel betreffend eingeschränkter Zugang Kinderspielplatz Langenlängeweg
— Interpellation Peter A. Vogt betreffend «Bäume an der Bäumlihofstrasse leiden an Wassermangel»

WAHLEN

— Nachwahl eines Mitglieds in die Sachkommission Publikumsdienste, Behörden und Finanzen (SPBF) (Rücktritt Christian Meidinger)

VORLAGEN UND BERICHTE

— Baurechtsvertrag GHR Gewerbehaus Riehen AG; Erweiterungsbau Areal ‹Schwarz›
— Familienpolitisches Leitbild der Gemeinde Riehen 2018–2030
— Bericht der Kommission für Volksanregungen und Petitionen zur Petition «Für weniger Belastung der Anwohner und mehr Sicherheit der Verkehrsteilnehmer auf jeder Verkehrsumleitung durch eine temporäre Geschwindigkeitsbegrenzung auf 30 km/h»
— Bericht des Gemeinderats zum Anzug Thomas Widmer-Huber und Kons. betreffend Förderung von Coworking-Arbeitsplätzen in Riehen

— Bericht des Gemeinderats zum Anzug Heinz Oehen und Kons. betreffend sicheres Wohnen im Alter
— Bericht des Gemeinderats zum Anzug Heinz Oehen und Kons. betreffend Gewährleistung eines kontinuierlichen und regelmässigen Schwimmunterrichts in den Primarschulen von Riehen / Bettingen

NEUE ANZÜGE, MOTIONEN, PARLAMENTARISCHE AUFTRÄGE
— Anzug Patrick Huber und Kons. betreffend Abschaffung der Gebühren für Riehener Vereine
— Anzug Jürg Blattner und Kons. betreffend Dorfmarkt
— Anzug Priska Keller und Kons. betreffend Verkehrskonzept Niederholz

SITZUNG VOM 31. OKTOBER 2018
INTERPELLATIONEN
— Interpellation Peter A. Vogt betreffend «Vandalenakt: Bäume an der Haltestelle Weilstrasse zerstört»
— Interpellation Christian Heim betreffend papierloser Einwohnerrat
— Interpellation Thomas Strahm betreffend Auswirkungen einer S-Bahn Haltestelle ‹Solitude›
— Interpellation Franziska Roth betreffend Agglomerationsprogramm – Zurückstellung Riehener Projekte
— Interpellation Peter A. Vogt betreffend «Stadtgärtnerei holzt 16 Bäume ab beim Friedhof Hörnli»
— Interpellation Dieter Nill betreffend Infothek Riehen
— Interpellation Cornelia Birchmeier betreffend Schliessung Infothek

VORLAGEN UND BERICHTE
— Leistungsauftrag für den Politikbereich Gesundheit und Soziales (Produktgruppe 3) für die Jahre 2016–2019; Bewilligung eines Nachkredits
— Bericht der Kommission für Volksanregungen und Petitionen betreffend die Petition «Für den Schutz velofahrender Schüler/innen und Velofahrer/innen in Riehen auf der Umfahrungsroute»

SITZUNG VOM 28. NOVEMBER 2018
INTERPELLATIONEN
— Interpellation Peter A. Vogt: «Warum wurde die Schule Eccola geschlossen?»
— Interpellation Franziska Roth betreffend Schliessung der Geschäftsstelle Coop Riehen Lörracherstrasse
— Interpellation Christian Heim betreffend Schliessung Coop-Laden an der Lörracherstrasse
— Interpellation Cornelia Birchmeier betreffend Pausenplatz des Niederholzschulhauses
— Interpellation Jürg Sollberger betreffend Alleebäume im öffentlichen Raum
— Interpellation Regina Rahmen: «Zu notwendigen Nachbesserungen an fertiggestellten Bauabschnitten Lörracherstrasse-Äussere Baselstrasse»
— Interpellation Cornelia Birchmeier betreffend Wiedereinführung der Einführungsklassen (EK)

VORLAGEN UND BERICHTE
— Investitionskredit Neukonzeption Dauerausstellungen (Dorf & Spiel), Sanierung und Umbau Museum im Wettsteinhaus
— (Teil-)Erneuerung / Instandstellung Essigstrasse inkl. öffentliche Beleuchtung und Kanalisationssanierung; Kreditvorlage
— Erneuerung der Strasse Am Hang inkl. öffentliche Beleuchtung und Kanalisationssanierung; Kreditvorlage
— Zweiter Bericht des Gemeinderats zum Anzug Hans Rudolf Lüthi und Kons. betreffend Optimierung Regio S6
— Bericht des Gemeinderats zum Anzug Peter Mark und Kons. betreffend Parkplätze an der Weilstrasse
— Zweiter Bericht des Gemeinderats zum Anzug Philipp Ponacz und Kons. betreffend eine Gemeindeinitiative für eine ver-

besserte kommunale Steuerhoheit und vierter Bericht des Gemeinderats zum Anzug Franziska Roth und Kons. betreffend finanzielle Entlastung des Mittelstands

NEUE ANZÜGE, MOTIONEN, PARLAMENTARISCHE AUFTRÄGE
— Anzug Alfred Merz und Kons. betreffend frühzeitige Planung einer grossräumigen und unmissverständlichen Signalisation der Verkehrsführung – Basel-Lörrach-Wiesental – über die Zollfreistrasse ab Freigabe der sanierten Baselstrasse 2020
— Anzug Peter A. Vogt und Kons. betreffend ausreichende Bewässerung der Bäume im öffentlichen Raum der Gemeinde Riehen

SITZUNG VOM 12. DEZEMBER 2018
VORLAGEN UND BERICHTE
— Politikplan 2019–2022, Kenntnisnahme sowie Genehmigung des Produktsummenbudgets 2019 und Festlegung des Steuerfusses für die Steuerperiode 2019
— Zwischenbericht des Gemeinderats zum Anzug Felix Wehrli und Daniel Hettich betreffend mehr Parkplätze für den Sportplatz
— Bericht des Gemeinderats zum Anzug Franziska Roth und Kons. betreffend Verbesserung der Lebensqualität an der Lörracherstrasse

NEUE ANZÜGE, MOTIONEN, PARLAMENTARISCHE AUFTRÄGE
— Anzug Cornelia Birchmeier betreffend Einführung eines Vaterschafts- bzw. Co-Mutterschaftsurlaubs

SITZUNG VOM 23. JANUAR 2019
INTERPELLATIONEN
— Interpellation Martin Leschhorn Strebel betreffend Folgen des Klimawandels und Verantwortung Riehens
— Interpellation Peter A. Vogt: «Mobile Parkverbotsschilder sollen wieder in Riehen bezogen werden können»
— Interpellation Christian Heim betreffend Erhöhung der Parkgebühren für Besucherparkkarten durch den Regierungsrat

VORLAGEN UND BERICHTE
— Leistungsauftrag Gesundheit und Soziales (Produktgruppe 3) für die Jahre 2016–2019, Bewilligung eines Nachkredits
— Bebauungsplan Dominikushaus; Chrischonaweg / Albert Oeri-Strasse, Parzellen Riehen Sektion RE 177, 125, 132, 138, 164 (Teilbereich – Abschluss des Verfahrens)
— Zwischenbericht des Gemeinderats zum Anzug Thomas Strahm und Kons. betreffend Überprüfung Steuerungsmodell PRIMA

NEUE ANZÜGE, MOTIONEN, PARLAMENTARISCHE AUFTRÄGE
— Anzug Patrick Huber und Kons. betreffend Optimierung der Anschlüsse im öffentlichen Verkehr
— Anzug Regina Rahmen und Kons. betreffend Umsetzung Anliegen der «Hornkuh-Initiative» in Riehen

SITZUNG VOM 27. FEBRUAR 2019
INTERPELLATIONEN
— Interpellation Paul Spring betreffend Liegenschaft Bluttrainweg 41
— Interpellation Susanne Fisch Amrhein betreffend grenzüberschreitende Fuss- und Velowege nach Lörrach und Velowege innerhalb von Riehen
— Interpellation Franziska Roth betreffend sicherer und stufengerechter Pausenplatz und genügend Schulraum für das Niederholzschulhaus
— Interpellation Dieter Nill betreffend Bauvorhaben Grendelgasse 20

VORLAGEN UND BERICHTE
— Haustechnische Sanierung Reithalle Wenkenhof
— Revision der Steuerordnung aufgrund der Neukalibrierung des innerkantonalen Finanz- und Lastenausgleichs (FILA2)
— Bericht des Gemeinderats zur Initiative «Familien entlasten: Für ein kinderfreundliches Riehen», Prüfung der rechtlichen Zulässigkeit
— Zonenplanänderung Parzelle RE 234, Chrischonaweg 112

- Dritter Bericht des Gemeinderats zum Anzug der Sachkommissionen SSL und SMV betreffend bessere Verknüpfung der SWEG-Buslinie 6 an die Tramlinie 6
- Dritter Zwischenbericht des Gemeinderats zum Anzug Martin Leschhorn Strebel und Kons. betreffend Zukunft von Kirchenräumen als Quartiertreffpunkt in Riehen
- Zwischenbericht des Gemeinderats zum Anzug Roland Engeler-Ohnemus und Kons. betreffend Optimierung des öffentlichen Verkehrs in den späteren Abendstunden
- Bericht des Gemeinderats zum Anzug Dieter Nill betreffend flankierende Verkehrsmassnahmen

NEUE ANZÜGE, MOTIONEN, PARLAMENTARISCHE AUFTRÄGE

- Anzug Philipp Ponacz und Kons. betreffend Fachperson Schwimmen für die Primarschule

SITZUNG VOM 27. MÄRZ 2019

INTERPELLATIONEN

- Interpellation Christian Heim betreffend Kosten der Riehener Schulen
- Interpellation Peter Mark betreffend Grünabfuhr inkl. Lebensmittelentsorgung
- Interpellation Regina Rahmen betreffend verschobene Tramhaltestelle Lörracherstrasse – Fahrtrichtung Basel
- Interpellation Thomas Widmer-Huber betreffend «Pneu-Trams: eine Chance für die Riehener Hauptachse»
- Interpellation Cornelia Birchmeier betreffend Wiedereinführung der Einführungsklassen (EK)
- Interpellation Peter A. Vogt betreffend überdurchschnittliche Kostensteigerung der Schulen von Riehen

VORLAGEN UND BERICHTE

- Revision der Steuerordnung aufgrund der Neukalibrierung des innerkantonalen Finanz- und Lastenausgleichs (FILA2); 2. Lesung
- Teilrevision der Geschäftsordnung des Einwohnerrats betreffend Tonprotokolle (Audiofiles)
- Erlass einer Ordnung betreffend das Kommunikationsnetz der Gemeinde Riehen (Ordnung K-Netz Riehen)
- Bericht der Kommission für Volksanregungen und Petitionen betreffend die Petition «Für ein flächendeckendes Recycling von Plastik in Riehen»
- Bericht des Gemeinderats zum Anzug Olivier Bezençon, Priska Keller und Kons. zum Verzicht auf die Versetzung des ‹Hubbrunnens› in der Rössligasse
- Bericht des Gemeinderats zum Anzug Jürg Blattner und Kons. betreffend Dorfmarkt

NEUE ANZÜGE, MOTIONEN, PARLAMENTARISCHE AUFTRÄGE

- Anzug Christian Griss und Kons. betreffend Berufsausbildungen Berufsattest (EBA) in Riehen
- Anzug Jenny Schweizer und Kons. betreffend Einführung in die Anwendung der Office-Systeme für 6. Primarschüler/innen

SITZUNG VOM 22. MAI 2019

INTERPELLATIONEN

- Interpellation Franziska Roth betreffend Finanzierung Klassen- und Skilager
- Interpellation Jürg Sollberger betreffend Verkehrskonzept nach Beendigung der Umbauarbeiten an der Äusseren Baselstrasse und Lörracherstrasse
- Interpellation Peter A. Vogt betreffend Klimapolitik
- Interpellation Regina Rahmen betreffend nachhaltige Armutsbekämpfung
- Interpellation Susanne Fisch Amrhein betreffend Frauenstreik
- Interpellation Martin Leschhorn Strebel betreffend «UN Nachhaltigkeitsziele: Stand der Umsetzung durch Riehen»
- Interpellation Dieter Nill betreffend Ufersicherung Aubach
- Interpellation Christian Heim betreffend Umgang mit parlamentarischen Vorstössen

- Interpellation Cornelia Birchmeier betreffend Umbaubegehren an der Inzlingerstrasse 45
- Interpellation Heinz Oehen betreffend Nutzung der Reithalle im Wenkenhof
- Interpellation Caroline Schachenmann betreffend Veränderungen Postgebäude Riehen 1

VORLAGEN UND BERICHTE
- Teilrevision
  a) der Schulvereinbarung zwischen dem Kanton Basel-Stadt, Bettingen und Riehen
  b) des Schulvertrags Bettingen-Riehen
  c) der Schulordnung
- Verpflichtungskredit zum Kauf eines Gebäudes; gleichzeitig Aufhebung und Löschung eines Baurechts – Schulraumprovisorium, Niederholzstrasse 93, ‹Hebelmätteli›
- Motion Matthias Gysel und Kons. betreffend Betrieb und Nutzung von gemeindeeigenen Räumen in öffentlichem Interesse; Stellungnahme des Gemeinderats
- Motion Patrick Huber und Kons. betreffend Einreichung einer Gemeindeinitiative zur Senkung des Eigenmietwerts im Kanton Basel-Stadt; Stellungnahme des Gemeinderats
- Zwischenbericht des Gemeinderats zur Motion Patrick Huber und Kons. betreffend Einführung einer regelmässigen Überprüfung der öffentlichen Aufgaben der Gemeinde
- Bericht des Gemeinderats zum Anzug Caroline Schachenmann und Kons. betreffend «Weitere Massnahmen zum autonomen Wohnen im Alter»
- Zwischenbericht des Gemeinderats zum Anzug der Sachkommission Mobilität und Versorgung betreffend Analyse des Riehener Busnetzes
- Bericht des Gemeinderats zum Anzug Roland Lötscher und Kons. betreffend Wildtiere in Riehen

NEUE ANZÜGE, MOTIONEN, PARLAMENTARISCHE AUFTRÄGE
- Anzug Peter A. Vogt und Kons. betreffend «Einführungsklassen: eine Chance für Riehen»
- Anzug Jürg Blattner und Kons. betreffend automatische externe Defibrillatoren

SITZUNG VOM 19. JUNI 2019

INTERPELLATIONEN
- Interpellation Patrick Huber betreffend Auswirkungen der kantonalen Steuererhöhung auf die Gemeinde Riehen
- Interpellation Regina Rahmen betreffend Tag der Städtebauförderung – «Besuchen Sie uns am alten Kiosk» in der Lörracherstrasse
- Interpellation Christian Heim betreffend Neubauprojekt auf dem Areal der ehemaligen Gehörlosen- und Sprachheilschule

WAHLEN
- Nachwahl eines Mitglieds in die Sachkommission Publikumsdienste, Behörden und Finanzen (SPBF) und in die Geschäftsprüfungskommission (GPK) (Rücktritt Matthias Gysel)

BERICHTE UND VORLAGEN
- Genehmigung des Geschäftsberichts 2018 des Gemeinderats mit Jahresrechnung
- Wärmeverbund Riehen AG, Geschäftsbericht 2018
- Teilrevision
  a) der Schulvereinbarung zwischen dem Kanton Basel-Stadt, Bettingen und Riehen
  b) des Schulvertrags Bettingen-Riehen
  c) der Schulordnung

Auf dem
Nebenplatz ‹Bändli›
des Sportplatzes
Grendelmatte, 2019.

Gremien und Behörden

STAND DER ANGABEN: 1. SEPTEMBER 2019

EINWOHNERRAT AMTSPERIODE 2018/2022

	Partei	Jahrgang	Wahljahr
PRÄSIDENTIN 2018/2020			
SCHULTHEISS Claudia	LDP	1965	2013
STATTHALTER 2018/2020			
ZAPPALÀ Andreas	FDP	1963	2007
MITGLIEDER			
BIRCHMEIER Cornelia	Grüne	1968	2018
BLATTNER Jürg	LDP	1957	2018
CHRIST Katja	GLP	1972	2018
FISCH AMRHEIN Susanna	SP	1972	2018
GRISS-ELBER Christian	CVP	1960	2008
HAZENKAMP-VON ARX Marianne	Grüne	1969	2003
HEIM Christian	SVP	1958	2010
HUBER Patrick	CVP	1991	2012
HUPFER Andreas	LDP	1975	2019
KELLER-DIETRICH Priska	CVP	1961	2009
LESCHHORN STREBEL Martin	SP	1969	2014
LÜTHI Hans Rudolf	LDP	1943	1989
MARK Peter	SVP	1958	2011
MERKLE-ZÄCH Silvia	GLP	1969	2018
MERZ-ANKLI Alfred	EVP	1949	2015
MESSERLI Pascal	SVP	1989	2015
MOOR David	parteilos	1967	2004
MUMENTHALER Christine	FDP	1962	2015
NÄF Elisabeth	FDP	1955	2014
NILL Dieter	FDP	1954	2011
OEHEN-SCHUMACHER Heinz	SP	1961	2009
PRIESS Petra	SP	1968	2019
RAHMEN Regina	SP	1961	2015
ROTH-BRÄM Franziska	SP	1964	2006
RUTSCHMANN Eduard	SVP	1953	2002
SCHACHENMANN Caroline	EVP	1956	2010
SCHWEIZER Jenny	SVP	1964	2018
SOLLBERGER Jürg	EVP	1950	2000
SPRING Paul	SP	1955	2018
STALDER Ernst G.	SVP	1956	2010
STANKOWSKI Rebecca	EVP	1979	2019
STRAHM Thomas	LDP	1957	2001
UEBERWASSER Heinrich	SVP	1957	2003
VISCHER Heinrich	LDP	1956	2018
VOGT Peter A.	SVP	1939	1999
WENK Daniel	FDP	1971	2008
WIDMER-HUBER Thomas	EVP	1965	2012
ZOGG MASCARIN Brigitte	parteilos	1946	2019

BÜRO DES EINWOHNERRATS

SCHULTHEISS Claudia, Präsidentin (von Amtes wegen)

ZAPPALÀ Andreas, Statthalter (von Amtes wegen)

CHRIST Katja

HUBER Patrick

LESCHHORN STREBEL Martin

SOLLBERGER Jürg

UEBERWASSER Heinrich

TESSARINI Sandra, Ratssekretärin

GEMEINDERAT AMTSPERIODE 2018/2022

	Partei	Jahrgang	Wahljahr
PRÄSIDENT			
WILDE Hansjörg	parteilos	1965	2014
VIZEPRÄSIDENT			
VOGEL Guido	SP	1962	2014
MITGLIEDER			
ALBIETZ Daniel	CVP	1971	2010
HETTICH Daniel	LDP	1960	2018
KAUFMANN Christine	EVP	1968	2014
SCHWEIZER Silvia	FDP	1962	2014
WEHRLI Felix	SVP	1960	2018

GESCHÄFTSKREISE DES GEMEINDERATS AMTSPERIODE 2018/2022

WILDE Hansjörg	Präsidium / Publikums- und Behördendienste
VOGEL Guido	Vizepräsidium / Gesundheit und Soziales
ALBIETZ Daniel	Finanzen und Steuern
HETTICH Daniel	Mobilität und Versorgung
KAUFMANN Christine	Kultur, Freizeit und Sport sowie Umwelt
SCHWEIZER Silvia	Bildung und Familie
WEHRLI Felix	Siedlungsentwicklung und Grünanlagen

BÜRGERRAT AMTSPERIODE 2018/2022

	Jahrgang	Wahljahr
PRÄSIDENT		
LEMMENMEIER Martin	1963	1991
VIZEPRÄSIDENT		
KÜENZI Andreas	1970	2014
MITGLIEDER		
AGNOLAZZA Daniele	1962	2014
FRÖHLICH-BÜRGERMEIER Claudia	1980	2019
NÄF Elisabeth	1955	2006

GROSSRÄTINNEN UND GROSSRÄTE DES WAHLKREISES RIEHEN
AMTSPERIODE 2017/2021

	Partei	Jahrgang	Wahljahr
CHRIST Katja	GLP	1972	2014
GRISS Christian	CVP	1960	2016
GROSSENBACHER Thomas	GB	1964	2006
HETTICH Daniel	LDP	1960	2017
MAZZOTTI Sasha	SP	1968	2017
ROTH-BRÄM Franziska	SP	1964	2013
RUTSCHMANN Eduard	SVP	1953	2004
STRAHM Thomas	LDP	1957	2007
UEBERWASSER Heinrich	SVP	1957	2006
WIDMER-HUBER Thomas	EVP	1965	2019
ZAPPALÀ Andreas	FDP	1963	2011

GEMEINDEVERWALTUNG
GESCHÄFTSLEITUNG

VAN DER MEER Jens	Verwaltungsleiter
TESSARINI Sandra	Generalsekretärin
BERWEGER Ivo	AL Bau, Mobilität und Umwelt
HAMMER Reto	AL Finanzen und Wirtschaft
KOHLER Stephan	AL Werkdienste

ERWEITERTE GESCHÄFTSLEITUNG

Mitglieder der Geschäftsleitung sowie Abteilungs- (AL) und Fachbereichsleitungen:

BREITENSTEIN Patrick	AL Publikums- und Behördendienste
CAMENISCH Stefan	AL Bildung und Familie
KÉZDI LEUTWYLER Katrin	Kommunikationsverantwortliche
LEUENBERGER FRIEDLIN Pascale	Leitung Fachbereich Recht
LUPP Christian	AL Kultur, Freizeit und Sport
MEIER Beat	Leitung Fachbereich Personal
MEISTER Lia	AL Gesundheit und Soziales
RIBI Andreas	Leitung Fachbereich Controlling

Wahlen und Abstimmungen

JULI 2018 BIS JUNI 2019

23. September 2018 // Stimmberechtigte 13 101

BUND

Bundesbeschluss vom 13. März 2018 über die Velowege sowie die Fuss- und Wanderwege (direkter Gegenentwurf zur Volksinitiative «Zur Förderung der Velo-, Fuss- und Wanderwege [Velo-Initiative]»)
Stimmbeteiligung: 49,72 %

	Bund	Kanton	davon Gemeinde
Ja	1 475 165	34 977	4239
Nein	529 268	13 285	2211

Initiative «Für gesunde sowie umweltfreundliche und fair hergestellte Lebensmittel (Fair-Food-Initiative)»
Stimmbeteiligung: 49,72 %

	Bund	Kanton	davon Gemeinde
Ja	774 827	20 607	1908
Nein	1 227 301	27 542	4521

Initiative «Für Ernährungssouveränität. Die Landwirtschaft betrifft uns alle»
Stimmbeteiligung: 49,72 %

	Bund	Kanton	davon Gemeinde
Ja	628 463	15 272	1442
Nein	1 358 712	32 362	4963

25. November 2018 // Stimmberechtigte 13 101

BUND

Initiative «Für die Würde der landwirtschaftlichen Nutztiere (Hornkuh-Initiative)»
Stimmbeteiligung: 61,71 %

	Bund	Kanton	davon Gemeinde
Ja	1 145 099	34 584	4180
Nein	1 383 911	26 282	3639

Initiative «Schweizer Recht statt fremde Richter (Selbstbestimmungsinitiative)»
Stimmbeteiligung: 61,71 %

	Bund	Kanton	davon Gemeinde
Ja	872 803	17 237	2779
Nein	1 712 999	45 485	5197

Änderung des Bundesgesetzes über den Allgemeinen Teil des Sozialversicherungsrechts (ATSG) (Gesetzliche Grundlage für die Überwachung von Versicherten)
Stimmbeteiligung: 61,71 %

	Bund	Kanton	davon Gemeinde
Ja	1 666 844	32 356	5155
Nein	910 326	29 878	2768

KANTON

Grossratsbeschluss vom 16. Mai 2018 betreffend «Ratschlag VoltaNord»
Stimmbeteiligung: 61,71 %

	Kanton	davon Gemeinde
Ja	34 482	4085
Nein	22 100	3452

Grossratsbeschluss vom 6. Juni 2018 betreffend Änderung des Gesetzes über öffentliche Ruhetage und Ladenöffnung (RLG)
Stimmbeteiligung: 61,71 %

	Kanton	davon Gemeinde
Ja	23 658	3290
Nein	34 991	4580

10. Februar 2019 // Stimmberechtigte 13 078

BUND

Initiative «Zersiedelung stoppen – für eine nachhaltige Siedlungsentwicklung (Zersiedelungsinitiative)»
Stimmbeteiligung: 54,70 %

	Bund	Kanton	davon Gemeinde
Ja	737 270	24 294	2729
Nein	1 291 464	27 928	4275

KANTON

Grossratsbeschluss vom 12. September 2018 betreffend Staatsvertrag zwischen den Kantonen Basel-Stadt und Basel-Landschaft betreffend Planung, Regulation und Aufsicht in der Gesundheitsversorgung
Stimmbeteiligung: 54,70 %

	Kanton	davon Gemeinde
Ja	33 539	4459
Nein	16 309	2511

Grossratsbeschluss vom 12. September 2018 betreffend Staatsvertrag zwischen den Kantonen Basel-Stadt und Basel-Landschaft über die Universitätsspital Nordwest AG und das Beteiligungsgesetz USNW
Stimmbeteiligung: 54,70 %

	Kanton	davon Gemeinde
Ja	21 890	3108
Nein	27 805	3853

Grossratsbeschluss vom 19. September 2018 betreffend Änderung des Gesetzes über die direkten Steuern (Steuergesetz) (Basler Kompromiss zur Steuervorlage 17)
Stimmbeteiligung: 54,70 %

	Kanton	davon Gemeinde
Ja	38 823	5583
Nein	10 459	1300

Grossratsbeschluss vom 19. September 2018 betreffend Realisierung von Massnahmen zugunsten des Fuss- und Veloverkehrs in der St. Alban-Vorstadt zwischen St. Alban-Graben und Malzgasse im Zuge anstehender Erneuerungsarbeiten
Stimmbeteiligung: 54,70 %

	Kanton	davon Gemeinde
Ja	25 768	3033
Nein	23 919	3879

19. Mai 2019 // Stimmberechtigte 13 069

BUND

Bundesgesetz über die Steuerreform und die AHV-Finanzierung (STAF)
Stimmbeteiligung: 61,63 %

	Bund	Kanton	davon Gemeinde
Ja	1 541 054	39 942	5451
Nein	780 409	17 376	2241

Umsetzung einer Änderung der EU-Waffenrichtlinie (Weiterentwicklung von Schengen)
Stimmbeteiligung: 61,63 %

	Bund	Kanton	davon Gemeinde
Ja	1 501 485	44 191	5435
Nein	854 528	14 735	2401

KANTON

Initiative «Topverdienersteuer: Für gerechte Einkommensteuern in Basel»
Stimmbeteiligung: 61,63 %

	Kanton	davon Gemeinde
Ja	29 643	3304
Nein	26 600	4454

Initiative «Mittelstand entlasten – Krankenkassenprämien von den Steuern abziehen! (Krankenkassen-Initiative)»
Stimmbeteiligung: 61,63 %

	Kanton	davon Gemeinde
Ja	28 250	4235
Nein	28 341	3597

Grossratsbeschluss vom 17. Oktober 2018 betreffend Ratschlag Ozeanium und die entsprechenden baurechtlichen Anpassungen
Stimmbeteiligung: 61,63 %

	Kanton	davon Gemeinde
Ja	25 888	3820
Nein	31 084	4053

Grossratsbeschluss vom 14. November 2018 betreffend Teilrevision des Gesetzes über die direkten Steuern vom 12. April 2000 (Steuergesetz, StG)
Stimmbeteiligung: 61,63 %

	Kanton	davon Gemeinde
Ja	31 618	4690
Nein	4690	2816

Grossratsbeschluss vom 9. Januar 2019 betreffend Neubau Naturhistorisches Museum Basel und Staatsarchiv Basel-Stadt und die entsprechenden baurechtlichen Anpassungen
Stimmbeteiligung: 61,63 %

	Kanton	davon Gemeinde
Ja	34 064	4078
Nein	22 396	3696

Einwohner/innen per 31.12.2018: 21 418
Stimmberechtigte per 31.12.2018: 13 101

Weitsprunganlage auf dem Sportplatz Grendelmatte, 2019.

Bürgeraufnahmen
IM JAHR 2018

AUFNAHMEN

ADELMANN, Frederick Gustaf Birger,
und seine Ehefrau
HENLEY, Alexandra Irma Christiana,
beide sind britische Staatsangehörige.

ARICHANDRAN, Ravisa, srilankische
Staatsangehörige

ARICHANDRAN, Tharmega, srilankische
Staatsangehörige

BANNEHR, Nadine, deutsche Staatsangehörige,
und das Kind
BANNEHR, Finn, Bürger von Appenzell AI
und Aesch BL

BAUMHAKL, Werner, und seine Ehefrau
HOOCK, Heike, sowie die Kinder
HOOCK, Kyra Eva Sophia, und
HOOCK, Helena Cosima Johanna,
alle sind deutsche Staatsangehörige.

BOHRMANN, Bernd, und seine Ehefrau
BOHRMANN, Barbara Maria,
beide sind deutsche Staatsangehörige.

BOHRMANN, Johannes Lennart Albert,
deutscher Staatsangehöriger

BOUDIER, Kamila Dorota, polnische
Staatsangehörige, und das Kind
BOUDIER, Natalie Rosa, deutsche Staatsangehörige

CABRERA Avila, Thanny Janet, ecuadorianische
Staatsangehörige

CANTNER, Jasmin, deutsche Staatsangehörige

CASSIDY, Edward Gerard, irischer und britischer
Staatsangehöriger, und seine Ehefrau
MC GINLEY, Anne Monica, irische Staatsangehörige,
sowie die Kinder
CASSIDY, Hannah Ute, und
CASSIDY, Michael Edward,
beide sind irische und britische Staatsangehörige.

CODY, Kevin Luke, irischer Staatsangehöriger

CZISLA, Carolyn Elisabeth, deutsche Staatsangehörige

DI GIORGIO, Sabina, und ihr Ehemann
PIETROPAOLO, Matteo,
beide sind italienische Staatsangehörige.

DOMANSKI, Kristina Helga, und die Kinder
DOMANSKI, Theodor Alexander,
DOMANSKI, Henriette Katharina, und
DOMANSKI, Charlotte Juliana,
alle sind deutsche Staatsangehörige.

ECKERLIN, Beate Gaby, und ihr Ehemann
ECKERLIN, Oliver,
beide sind deutsche Staatsangehörige.

EPTING, Jannis, deutscher Staatsangehöriger,
und seine Ehefrau
FALBAN-EPTING, Mercy, philippinische
Staatsangehörige, sowie die Kinder
EPTING, Nils, und
EPTING, Chiara,
beide sind deutsche Staatsangehörige.

ETSPÜLER, Beate Andrea, deutsche Staatsangehörige

FRANK, Nicole, und ihr Ehemann
FRANK, Herbert Wilhelm, sowie die Kinder,
FRANK, Leonie Vivian, und
FRANK, Fabienne Desiree,
alle sind Bürger/innen von Rothenfluh BL.

GAGLIANO, Giuseppa, italienische Staatsangehörige

HAGER, Carolina Maria,
amerikanische Staatsangehörige

HEISTER, Frank Karlheinz, deutscher
Staatsangehöriger

HELLER-STILB, Birgit Maria, und ihr Ehemann
STILB, Winfried, sowie die Kinder
STILB, Clara Viktoria, und
STILB, Mathilda Alba,
alle sind deutsche Staatsangehörige.

HENKEL, Henriette, deutsche Staatsangehörige

HERING, Dorte Katrin, und das Kind
HERING, Nora, beide sind deutsche Staatsangehörige.

HERING, Hella Heidrun Martha Elisabeth,
deutsche Staatsangehörige

HERNANDEZ PENNA STRAUBE, Sabina,
italienische Staatsangehörige, und ihr Ehemann
STRAUBE, Frank, deutscher Staatsangehöriger,
sowie die Kinder
STRAUBE, Elena, und
STRAUBE, Hanna,
beide sind deutsche und italienische Staatsangehörige.

HILBE, Gregor Nikolai, und die Kinder
HILBE, Lio Ylva, und
HILBE, Nansa Uma,
alle sind liechtensteinische Staatsangehörige.

HOLL, Christian, und seine Ehefrau
HOLL, Stephanie Iris, sowie die Kinder
HOLL, Katharina Josefa Hella, und
HOLL, Konstantin Karl Benedikt,
alle sind deutsche Staatsangehörige.

HOXHAJ, Egzon, kosovarischer Staatsangehöriger

IRELAND, Simon John, und seine Ehefrau
IRELAND, Hilary Margaret,
beide sind britische Staatsangehörige.

JORDAN, Jonathan, deutscher Staatsangehöriger

JÜNGLING, Freimut Dankwart Eberhard,
und die Kinder
JÜNGLING, Amanda Felicitas, und
JÜNGLING, Hiram Leonardo Maximilian,
alle sind deutsche Staatsangehörige.

KADRIJAJ, Albina, kosovarische Staatsangehörige

KEIL, Petra, deutsche Staatsangehörige,
und das Kind
NEUFFER, Yannick Maximilian Kyle, deutscher
und amerikanischer Staatsangehöriger

KISS, Alexander Peter, österreichischer
Staatsangehöriger, und seine Ehefrau
KÖLBL, Ursula, deutsche Staatsangehörige

KISS, Marian Vincent,
österreichischer Staatsangehöriger

KISS, Niclas, deutscher Staatsangehöriger

ERLEICHTERTE EINBÜRGERUNGEN GEMÄSS EIDGENÖSSISCHEM BÜRGERRECHTSGESETZ

KODIC, Slavica, und ihr Ehemann
KODIC, Zoran, sowie die Kinder
KODIC, Damjan, und
KODIC, David, alle sind kroatische Staatsangehörige.

KOMBO, Iveta, und das Kind
KOMBO, Sammy,
beide sind slowakische Staatsangehörige.

LANGHOLZ, Jatisai, simbabwische Staatsangehörige, und ihr Ehemann
LANGHOLZ, Ralph, deutscher Staatsangehöriger, sowie die Kinder
LANGHOLZ, Jan Tapiwa, und
LANGHOLZ, Anna Nyasha,
beide sind deutsche Staatsangehörige.

LÜSCHER, Britta Irina Elisabeth,
deutsche Staatsangehörige

MANNSTADT, Nina, Bürgerin von Mosnang SG

MASTROGIUSEPPE, Tanja, und ihr Ehemann
CASTIGLIONE, Roberto, sowie die Kinder
CASTIGLIONE, Antonio Aurelio, und
CASTIGLIONE, Tullio Giuliano,
alle sind italienische Staatsangehörige.

MÜLLER, Jürgen Fridolin Adolf, deutscher Staatsangehöriger

NIKIC, Ana, kroatische Staatsangehörige, und das Kind
SCHMIDT, Matteo Andreas Luka, deutscher und kroatischer Staatsangehöriger

PANEPUCCI, Isabella Luisa, amerikanische Staatsangehörige

PULS, Luise, deutsche Staatsangehörige

PUSHKAR, Anna, ukrainische Staatsangehörige, und das Kind
MAHLER PUSHKAR, Alexis, französischer und ukrainischer Staatsangehöriger

REICHERT, Antje, deutsche Staatsangehörige

ROJSIRIPRASERT, Ratchanat, thailändischer Staatsangehöriger

SANTO, Daniela, und ihr Ehemann
SANTO, Domenico, sowie die Kinder
SANTO, Giada,
SANTO, Denira, und
SANTO, Luigi,
alle sind italienische Staatsangehörige.

SCHOLL, Ralph Thorsten, deutscher Staatsangehöriger, und seine Ehefrau
KIM, Jin-Ah, koreanische Staatsangehörige, sowie die Kinder
SCHOLL, Yvonne Sarah, und
SCHOLL, Ian Fabian,
beide sind deutsche Staatsangehörige.

SCHÖNFELD, Thomas, deutscher Staatsangehöriger

SCHUSTER, Christian, Bürger von Basel BS

SHALA, Hafize, kosovarische Staatsangehörige

STÄCHELE, Egon, deutscher Staatsangehöriger

STAUDT, Ansgar Ulrich, deutscher Staatsangehöriger

STOECKEL, Nicole, deutsche Staatsangehörige

VANDEN EYNDE, Sophie Reine Michèle, belgische Staatsangehörige, und das Kind
RATHEY, Leila, Bürgerin von Lugano TI

WALKER, Ian Derek, britischer Staatsangehöriger

THERN, Bernd, und seine Ehefrau
VESENMAIER, Martina Magdalena, sowie die Kinder
THERN, Jakob Ludwig, und
THERN, Hannes Bernhard,
alle sind deutsche Staatsangehörige.

TYTIOUTCHENKO, Olga, und die Kinder
FURIO, Alexandra, und
FURIO, Adrianna,
alle sind französische Staatsangehörige.

VALENSISI, Giuseppe, italienischer Staatsangehöriger

ZHELEZOVSKAYA, Svetlana, und ihr Ehemann
MALETIN, Vladimir,
beide sind russische Staatsangehörige.

BERTSCHMANN, Maria, russische Staatsangehörige

MENSCH UND ZEIT

Unsere Jüngsten
JULI 2018 BIS JUNI 2019

ADELFINGER Samuel Valentin	26.09.2018	
ADU Sarah	15.12.2018	
AGUDÍN GONZALEZ Samuel	27.11.2018	
AKARSEL Avrel	16.01.2019	
AKCAY Zeynep	12.09.2018	
ALBRECHT Mylo	07.06.2019	
ANDRADE GARCIA Maëlle	08.07.2018	
BELFORT Noeliyah	26.02.2019	
BERTSCHMANN Mikola	10.01.2019	
BETSCHART Robin	06.11.2018	
BHATTARAI Nelian	21.09.2018	
BINGÖL Bugra	14.12.2018	
BOSCHBACH Nathan	30.09.2018	
BOUALLEGUE Junis Noah	21.12.2018	
BREM Jon	12.02.2019	
BROWN Orionas Nikolaos Sam	14.07.2018	
BRUNO MUSETTI Lorena	29.01.2019	
BUDWEG Valentin	02.09.2018	
BUURMAN Josina Elisabeth	20.07.2018	
CERVANTES BUENO Lara	06.12.2018	
CRUZ TAVERAS Alaia	08.01.2019	
CUNAJ Ajla	15.12.2018	
DAVI Gina	29.11.2018	
DE MONTMOLLIN Etienne	06.08.2018	
DELVENTHAL Luca	08.08.2018	
DEMIRBILEK Evin	08.01.2019	
DIEZIG Kael	20.01.2019	

DUPONT Charlotte Rose	06.12.2018	
EBERHART Jayden	16.11.2018	
ENGEL Enya	01.07.2018	
ERENCAN Liya	20.09.2018	
FERNANDEZ MEDINA Ares	15.03.2019	
FERNANDEZ MEDINA Eileen	15.03.2019	
FINUS Isabelle	04.04.2019	
FISCHER Kenan	23.02.2019	
GARRIDO JIMÉNEZ Erica Stella	02.10.2018	
GEES Neva	08.04.2019	
GENC Ardil	25.02.2019	
GERSCHWILER Colin	31.10.2018	
GLASER Morris	30.12.2018	
GLATT Leandro	18.04.2019	
GLENNON Francis	31.01.2019	
GOEBEL CRUCES Maximilian Adal	22.10.2018	
GORZOLKA Shay	04.11.2018	
GRAF Gioele	16.04.2019	
GRAF Nora	10.12.2018	
GRÜNIG Matteo	11.01.2019	
GYSEL Mara	18.12.2018	
HALIMI Amsal	13.10.2018	
HANA Nathalie	13.08.2018	
HARTMANN Charlotte	14.10.2018	
HENRICH Kian	26.07.2018	
HILLER Anselm	06.04.2019	
ISELIN Jan	18.09.2018	

JORDI Loris	01.05.2019	
JORDI Philine	01.04.2019	
JUNG Joleen	18.10.2018	
JUNKER Lars	22.11.2018	
JUSAJ Amelia	22.01.2019	
JUSAJ Lyan	15.03.2019	
KETANI Liam Ekin	07.02.2019	
KIRCHGÄSSNER Ezra	02.09.2018	
KITA Antoni	23.10.2018	
KOH À MBASSA Roméo	07.08.2018	
KÖLLIKER Tim	27.09.2018	
KÖNIG Mariya	27.07.2018	
KOVACS Sofia	13.09.2018	
KUONEN Giulia	05.12.2018	
LAHRARI Ilyace	29.07.2018	
LEE Yunu	01.07.2018	
LEHMANN Jorin	27.01.2019	
LEUENBERGER Fionn	09.07.2018	
LO PRESTI Elenia	18.04.2019	
LUHMANN Nicolas	09.01.2019	
LÜTHI Jonas	25.09.2018	
MAAS Leonie Emilia	12.11.2018	
MANNEKE Mila	04.05.2019	
MARTIRE Dalia	18.01.2019	
MESSERLI Lara	28.03.2019	
MIRONIUK Milo	09.05.2019	
MOKRANI Alissa	16.10.2018	

Unsere Jubilare
JULI 2018 BIS JUNI 2019

MÜLLER Jamie Ben	22.07.2018	
MUNOZ MINANO Alvaro	09.04.2019	
MWAFISE WOLOKO Elizabeth	23.09.2018	
ODDO Lionel	12.11.2018	
OEINCK Jonas	14.12.2018	
OSMANAJ Mirjon	06.09.2018	
PIERINELLI Matilda	14.01.2019	
POHLMANN Marvin	02.11.2018	
PÖTSCH Milo	26.07.2018	
PRATHEEPAN Shanya	12.12.2018	
RAKHIMOVA Kamilla	21.05.2019	
RAUTENBERG Samuel	15.07.2018	
REFFGEN Eloise	06.01.2019	
REINER Nael	12.02.2019	
REUTER Tom	26.01.2019	
RIEDENER Elio	27.07.2018	
RUBERTI Mila	25.09.2018	
RÜSCHOFF Anna	13.03.2019	
SANCHEZ BÜHLER Manuel	11.06.2019	
SAUTER Aurelia	13.06.2019	
SCHEIDEGGER Julian	02.11.2018	
SCHENK Michelle	04.07.2018	
SCHMID Neo	20.01.2019	
SCHMIDT Alberto Riccardo	14.11.2018	
SCHULTHEISS Illya	20.11.2018	
SCIRANKO Nella	11.11.2018	
SEELMANN Henri Léonard Alexander	18.12.2018	
SEIBT Liv	20.11.2018	
SEILER Liv	20.10.2018	
SEMERE Reem	03.02.2019	
SKEGRO Finian Jozo	13.08.2018	
SONDUR Ahana	21.07.2018	
STALDER Liana	07.05.2019	
STOLL Joaquin	29.04.2019	
STROHMEIER Nia	19.12.2018	
SURESCHANDRE Ishana	18.09.2018	
SZEDIWY Jonathan	11.02.2019	
TCHORZ Nele	09.06.2019	
TESFAGEBRIEL Natan	16.07.2018	
TIMAR Amélie Angie	01.08.2018	
TÖNGI Eva	12.04.2019	
TROVATO Leone	20.05.2019	
TRUMMER Luca	20.08.2018	
TSIKNAS Stavros	15.08.2018	
ÜNDER Elara	05.09.2018	
VOELLMY Vayla	06.10.2018	
VON BOTHMER Magnus	02.07.2018	
WELLIG Elin	28.12.2018	
WETZL Hannah Marlene	07.12.2018	
WYSS Selenia	20.08.2018	
YORULMAZ Azad-Yekta	01.02.2019	
ZAHN Leonie	04.12.2018	
ZUMBRUNN Mika	25.12.2018	
ZWEIFEL Daria	09.04.2019	

90 JAHRE

ACKERMANN-STAUB Dora	05.02.1929
ARRIGONI-VACZEK Eva	22.05.1929
BACHMANN-MÜLLER Sofie	11.12.1928
BAUMGARTNER-AEBIN Peter	28.03.1929
BIGLER Olga	01.10.1928
BINDELLA-BOLLA Elsa	26.12.1928
BISSIG-GERBER Heidi	01.03.1929
BLÄTTLER-BIERMEIER Rosina	30.10.1928
BRUNSCHWILER-SIEBER Ida	01.03.1929
BUCHER-BACHMANN Elisabetha	21.11.1928
BUCHWIESER-HITZ Jörg	09.09.1928
CHRISTEN-BELSER Paula	01.06.1929
CIMINO Adele	01.11.1928
DELLA CASA-BRENNER Angelo	13.05.1929
DETTWYLER Margareth	23.05.1929
DIEZIG-GUBLER Carl	31.05.1929
DINNER-SCHMID Rosa	29.09.1928
DOLDER-PETER Olga	29.03.1929
EGLI-JUNG René	19.01.1929
FIECHTER-MÄDER Edith	05.05.1929
FISCHER-LUCHETTA Bruno	14.01.1929
FISCHER-MOHLER Heidi	22.02.1929
FITZ-ZIMBER Kurt	25.03.1929
FRANZ-LOOMAN Joachim	11.02.1929
FRIEDLIN-METZENER Heidy	28.10.1928
GEIGER-GSCHWEND Bertha	25.04.1929
GRAF-HANOLD Gertrud	28.01.1929
GRAF-JENNI Theresa	12.08.1928
GREINER-GSCHWIND Hans-Peter	14.03.1929
HANCK-SANDKÜHLER Ruth	13.08.1928

HECKENDORN-DREXLER Ernst	06.05.1929	
HEITZ-WINKLER Leo	08.09.1928	
HOFFMANN-THUDIUM Nicolas	13.04.1929	
HRUBES-BOROVSKY Vladimir	19.11.1928	
HUTH-WITT Joachim	01.06.1929	
JOST-WIDMER Joachim	05.02.1929	
KREIENBÜHL-WAKONIGG Klara	21.04.1929	
KUNZ-FLÜCKIGER Margrit	21.03.1929	
KURASS-GIESE Wilhelm	31.10.1928	
LANZ-MEIER Elsa	21.04.1929	
LAVAGETTI-BIERSACK Libero	27.08.1928	
LAY-SCHERER Erna	02.03.1929	
LIEBMANN-HOPPE Lieselotte	21.02.1929	
LIECHTENHAN-SCHÄUBLIN Daisy	06.08.1928	
LINDER-HUFSCHMID Johanna	14.12.1928	
LOCHER-KIENY Rolande	01.03.1929	
LÖLIGER-OCARIZ Lucila	15.09.1928	
LUSSMANN-SIDLER Elisabeth	24.10.1928	
MANSER-MÜGGLER Josef	29.04.1929	
MARTIN-ALLWEIER Irene	17.11.1928	
MÄRZ-ENGLERT Violette	03.11.1928	
MAUCH-SCHIBLI Kurt	12.01.1929	
MEIER-GALLI Irene	24.07.1928	
MEISTER-DECK Irma	28.04.1929	
MERSING-SENN Charlotte	05.05.1929	
METZGER-GRUNDLER Ingeborg	28.10.1928	
MEYERHOFER-FREY Walter	23.04.1929	
MITTELBACH-SCHERZER Gottfried	26.12.1928	
MONDININI Mario	29.06.1929	
MÜHLETHALER-HIRT Ruth	28.06.1929	
MUNDWYLER-KENK Margrit	06.07.1928	
NIKLAUS Denise	28.11.1928	
PERAZZI-GASSER Gian Battista	14.05.1929	
PINSKER-MEIER Gerd	05.03.1929	
PINSKER-MEIER Margareta	24.12.1928	

PORCHET-NGUYEN René	31.03.1929	
PROBST-DUBACH Katharina	03.02.1929	
PULFER-STEINHAUER Max	25.11.1928	
RATHGEB-SCHÖB Klara	06.02.1929	
RENTSCH-LOELIGER Esther	26.04.1929	
REUTER-MOSER Wolfgang	29.11.1928	
RICKENBACHER-BUCHER Hans Rudi	04.06.1929	
SARASIN-SCHLUMBERGER Nicolette	31.01.1929	
SCHAFFNER-HUBER Marcel	14.12.1928	
SCHMIDT-SCHEIDWEILER Wilhelm	15.03.1929	
SCHULTHEISS-EYMANN Albina	17.10.1928	
SCHÜTZ-JENNY Gisèle	14.02.1929	
SEGRADA-GABEL Marthe	03.03.1929	
SIEGRIST Gertrud	28.03.1929	
SIGRIST-HUTTEGGER Adelheid	07.02.1929	
SIGRIST-HUTTEGGER Josef	29.08.1928	
SOKOLL-SCHNEIDER Elisabeth	29.10.1928	
SOMMER Elfriede	27.09.1928	
SOUSMANIS Ioannis	31.05.1929	
SPITZER-ZAGANESCU Michaela	02.12.1928	
STEFFEN-MEYER Arlette	03.03.1929	
STOLL-SIDLER Monica	08.07.1928	
STUMP Heidi	06.05.1929	
STUTZ-STICH Alice	14.10.1928	
SUTTER-FURLENMEIER Margrit	16.11.1928	
VISCHER-BUSER Elsbeth	10.03.1929	
VÖGELIN-BÜRGIN Emil	13.05.1929	
WEIBEL-GISIGER Elfriede	12.05.1929	
WENK-KRONMÜLLER Beat	29.11.1928	
WILHELM-LATUNER Bernadette	11.07.1928	
WITSCHI-GERBER Helene	23.02.1929	
WUNDERLE-SCHMID Karl	15.09.1928	
ZAHND-EGGER Elisabeth	02.09.1928	
ZAHND-EGGER Ernst	25.11.1928	
ZIMMERMANN Maria	17.11.1928	

100 JAHRE

ANKLI-MEHLIN Ruth	08.06.1919
DUDLI-SCHIEGG Katharina	03.08.1918
LÜTHI-STEINEBRUNNER Ruth	09.06.1919
PETITPIERRE-HOTZ Erika	12.06.1919

ÜBER 100 JAHRE

HOCH Gertrud	05.01.1916
SCHMIDLIN-HUG Dora	11.12.1916
VOGT-VON DER CRONE Hedwig	18.09.1915

Unsere Verstorbenen
JULI 2018 BIS JUNI 2019

ABDERHALDEN Frieda	06.06.1926–20.02.2019		**BRÜGGER-SCHEFER** Max	16.12.1936–15.05.2019
ACKERMANN-WEHRLI Rosina	15.05.1935–18.06.2019		**BRUNNER-STADELMANN** Anton	15.12.1925–05.01.2019
AEBERLI-CUMIN Doris	24.11.1948–19.05.2019		**BRUNNER-STADELMANN** Hedwig	24.08.1923–17.11.2018
AEBI-HÄBERLIN Edith	07.08.1924–22.02.2019		**BÜHLER-ZDANSKY** Erika	04.01.1932–20.02.2019
AELLEN-THEISSEN Hildegard	08.09.1932–17.04.2019		**BÜRGENMEIER-WENK** Hermann	17.01.1923–08.02.2019
ALDER-KISSLING Kurt	08.05.1927–07.03.2019		**BUSER-DREHER** Rosmarie	01.08.1927–27.05.2019
AMREIN-MUFF Oskar	14.03.1927–02.06.2019		**BUSER-STEIGER** Rosmarie	18.04.1937–08.04.2019
ANGSTMANN-DICK Ruth	01.07.1928–27.09.2018		**BYLAND** Susanne	09.06.1982–15.11.2018
BADER-FREI Rolf	26.12.1933–07.05.2019		**CHERBUIN-WILDE** Bernadette	08.08.1963–11.10.2018
BALMER-WIDMER Doris	04.01.1952–26.09.2018		**CHIQUET-SACHER** Paul	19.07.1928–07.04.2019
BAUMGARTNER-AEBIN Anne-Marie	27.05.1927–26.02.2019		**CLAMER** Danilo	23.11.1928–28.01.2019
BAUMGARTNER-KUYKEN Viola	29.05.1951–08.03.2019		**DÄNZER-CORREIA** Ana Maria	16.02.1936–15.11.2018
BAUNACH-BERCHER Helmut	07.03.1934–11.04.2019		**DE MIN-KÖNIG** Antonio	04.10.1930–14.01.2019
BECK-STEINER Margrit	22.05.1931–02.12.2018		**DÉFAGO-FERRARI** Bruna	13.01.1932–08.03.2019
BEER-BURKHART Charlotte	20.04.1930–26.10.2018		**DETTWILER-FELDER** Marianne	30.10.1930–09.03.2019
BEINING-RUF Beatrix	12.02.1948–18.09.2018		**DÖSSEGGER-WALKER** Peter	12.06.1937–26.11.2018
BERREL-BAUMBERGER Heidi	14.06.1927–02.06.2019		**DÜRR-MEMMEL** Hans-Rudolf	09.04.1943–29.07.2018
BICHSEL-SAGER Monika	30.07.1927–05.11.2018		**EBERLE-QUARTA** Ines	23.06.1930–02.07.2018
BIEBER-MERIAN Ruth	21.10.1921–04.05.2019		**EBERLE-SUTER** Edith	24.07.1941–02.03.2019
BIERI-MÜHLEGGER Hermine	14.09.1929–26.09.2018		**EGGIMANN-HAUSER** Margrith	19.07.1930–02.10.2018
BIFFIGER-FLÜKIGER Johann	06.02.1934–28.05.2019		**EGLI-ZAHNER** Rosa	18.06.1930–19.02.2019
BIGLER-WÜTHRICH René	17.12.1934–12.06.2019		**FÄSSLER-SECKINGER** Hansjörg	29.08.1936–27.11.2018
BIRCHLER-EBINGER Josef	29.01.1928–11.01.2019		**FERRARESE-MUTH** Rocco	13.05.1942–24.06.2019
BORER-HÄNGGI Paul	13.06.1920–01.06.2019		**FLÜELER-MAPPUS** Joséphine	10.01.1922–15.06.2019
BÖRLIN-KUHN Hans Peter	25.02.1949–25.10.2018		**FORRER** Patric	24.03.1969–03.07.2018
BORN-STUTZ Georg	27.01.1935–06.01.2019		**FREI-HÜRZELER** Margrith	19.06.1923–04.05.2019
BOSSAU-WENK Christa	05.03.1940–28.05.2019		**FRIDEZ-STAUBLI** Karl	12.12.1929–17.04.2019
BOUZATER-KETTNAKER Ali	14.03.1931–01.03.2019		**FUHR-DAMS** Christel	29.08.1936–04.11.2018
BRAND-BRUNNSCHWEILER Peter	16.07.1942–06.05.2019		**GABRIEL-GRUNINGER** Martin	29.09.1955–26.07.2018
BROGLI-WALDNER Beatrice	11.02.1943–23.04.2019		**GABRIEL-MÜLLER** Oswald	28.01.1931–24.12.2018
BRUBACHER-HERZOG Marianne	30.10.1924–14.06.2019		**GALLI-WEIDMANN** Hans	02.03.1939–18.06.2019

GANTNER-BERNASCONI Jürg	12.05.1936-16.06.2019	**JEGGE-WEHRLI** Werner	13.12.1935-25.07.2018
GEISER-HABEGGER Christian	22.10.1932-15.12.2018	**JENNY-BURRI** Manfred	05.05.1944-14.02.2019
GELZER-RÜEGER Cordula	14.11.1919-13.03.2019	**JUNG-WALTER** Alexander	29.04.1952-27.01.2019
GLOOR Rosemarie	16.08.1932-31.10.2018	**KÄGI-FELIX** Sylvia	13.12.1927-02.11.2018
GLOOR-BIANCHI Hans Rudolf	08.07.1924-19.08.2018	**KAISER** Heinz	30.04.1950-20.11.2018
GRABER Helene	08.11.1917-11.11.2018	**KÄLIN-STEINER** Marie	28.01.1925-21.05.2019
GRAF-ERDIN Justin	18.03.1927-21.11.2018	**KÄMPF-BIPP** Hans	12.09.1934-22.03.2019
GRIEDER-FELLMANN Hedwig	26.06.1925-30.07.2018	**KARRER** Peter	01.04.1941-05.04.2019
GSCHWIND-HUBER Josefina	11.05.1920-30.07.2018	**KÄSER** Jean	24.12.1930-03.03.2019
GULDENMANN-MEDEN Helga	27.05.1933-24.12.2018	**KÄSER-BRÄNDLE** Samuel	12.02.1931-19.04.2019
GUTEKUNST-HONOLD Ruth	19.07.1925-24.12.2018	**KAUFMANN** Xaver	26.02.1929-08.01.2019
HAAS-DREYFUSS Heidi	14.10.1922-06.05.2019	**KEKEIS-FUCHS** Silvana	17.01.1954-26.10.2018
HAMMEL-HEUSI Hilda	22.02.1931-04.05.2019	**KESSLER** Rita	13.11.1927-05.03.2019
HÄNER-STÜCKLIN Milla	28.04.1928-27.06.2019	**KIEFER-RYSER** Guido	23.12.1935-12.12.2018
HÄNGGI-ROSENKRANZ Ernst	08.02.1928-25.01.2019	**KISSLING-WEBER** Ursina	17.05.1973-06.03.2019
HÄRDI-JAUSLIN Ruth	14.09.1932-01.05.2019	**KITTL** Johann	21.07.1928-04.06.2019
HEIDER-WEPF Curt	01.12.1937-01.03.2019	**KLOPFENSTEIN-WISSLER** Günter	11.04.1931-05.11.2018
HENNE-SEIDENGLANZ Hanspeter	23.09.1928-23.10.2018	**KOFFEL** Erika	26.08.1952-25.08.2018
HENNICKE Erika	24.08.1933-28.10.2018	**KÖLLA-FÜRST** Ruth	15.09.1943-21.10.2018
HERZOG Max	04.01.1930-21.10.2018	**KÖPFER-KLARER** Maria	01.05.1923-09.10.2018
HINDERLING-SCHLUP Rudolf	09.07.1928-03.10.2018	**KRAMER-STROMMER** Adelheid	08.05.1928-30.05.2019
HOFER-CHOPARD Oskar	25.12.1924-17.12.2018	**KRAUSE-ZBINDEN** Christel	15.06.1926-16.07.2018
HOFER-HUWILER Gertrud	30.09.1931-24.12.2018	**KRÜSI-MEIER** Ernst	25.03.1928-14.06.2019
HOFSTETTER Marianna	09.03.1954-31.01.2019	**KÜNG** Heidy	01.10.1925-24.10.2018
HOLENSTEIN-HÜGI Johanna	22.06.1924-30.04.2019	**LÄCHLER-MÜLLER** Maja	28.06.1935-19.07.2018
HOLLENSTEIN-WASSER Wilhelm	30.03.1943-02.10.2018	**LANGENBUCHER-WERNET** Friedrich	17.01.1936-26.05.2019
HUFSCHMID-DÜBLIN Hannie	03.07.1923-14.12.2018	**LANZ-MEIER** Willy	24.05.1931-21.10.2018
HUMBERSET-NIKLAUS Georges	04.07.1929-02.05.2019	**LAUBE** Rosa	30.08.1925-30.03.2019
HUNGERBÜHLER-NOTTER Max	16.07.1928-07.10.2018	**LENGEI-HÜLVELY** Josef	30.12.1929-09.11.2018
HÜNIG-BRÜNGGER Annemarie	14.07.1935-02.05.2019	**LEUZINGER-BARBIERI** Walter	18.08.1935-29.06.2019
INGOLD-ZAUGG Alfred	03.11.1933-28.07.2018	**LIEBERHERR** Wilhelm	20.02.1957-19.01.2019
ISNER-DENZEL Heidi	23.11.1940-11.10.2018	**LINDER-PARMEGIANI** Werner	02.03.1930-27.07.2018
ISNER-HANDSCHIN Werner	20.04.1944-23.04.2019	**LOSCH-PULFER** Ruth	19.06.1935-21.05.2019
JAEGER-ZWICKY Markus	02.07.1953-18.03.2019	**LYCKEGAARD** Angelika	24.04.1947-11.07.2018
JAUCH-STALDER Ruth	20.03.1932-15.09.2018	**MADISON-STOCKHAMMER** Friederika	14.04.1923-28.12.2018

MAIER Meta	29.06.1918–12.08.2018	**PETRINI-SONDEREGGER** Sabine	27.09.1963–15.06.2019
MATTHYS-BRUHIN Sibylle	10.11.1956–30.09.2018	**POLDERVAART-LÖHRER** Marta	16.01.1932–14.08.2018
MAZZOTTA-BRAUN Fanny	05.10.1949–01.04.2019	**PRÉTÔT** Nelly	16.01.1927–01.01.2019
MEERTS Jan	26.09.1956–04.12.2018	**PROBST-DUBACH** Walter	31.05.1931–27.10.2018
MEIER Irene	06.05.1944–07.05.2019	**PRZYTULSKI** Boris Sascha	24.06.1971–07.02.2019
MEIER-HEIM Alice	03.06.1930–09.03.2019	**PUPPATO-SOCIN** Peter	29.05.1931–08.03.2019
MEIER-JENNI Eduard	05.10.1922–08.08.2018	**RAESER** Beatrice	30.07.1946–08.06.2019
MEISTER-FARINOLI Ernst	14.02.1924–07.05.2019	**RAHMEN-MERKERT** Hans Rudolf	30.12.1949–29.08.2018
MENSCH Guido	28.08.1941–08.03.2019	**RAMSEIER** Thomas	03.01.1969–10.12.2018
MERZ Dilgion	29.10.1935–07.10.2018	**RAMSEIER-EBERHARDT** Daniela	08.03.1962–23.01.2019
MERZ-DIENGER Erika	07.05.1930–16.02.2019	**RAVA-LIVIO** Alberto	01.07.1933–01.02.2019
MESSIKOMMER Adelheid	11.04.1924–28.11.2018	**REBER-HODLER** Hans Rudolf	09.01.1921–26.05.2019
MEYER-GUTKNECHT Gertrud	19.03.1929–10.03.2019	**RENNER-GREDER** Gerhard	22.02.1944–18.05.2019
MONNIER-BILL Walter	08.09.1925–20.12.2018	**RENNER-WARTH** Liselotte	11.05.1925–24.04.2019
MOSER-EYMANN Ruth	08.08.1926–04.04.2019	**REUSSER-WITH** Erika	22.03.1931–06.09.2018
MOSER-GRÄSSL Stefanie	21.12.1930–06.10.2018	**REUTER-MOSER** Elisa	15.05.1932–14.07.2018
MÜLLER Kurt	16.12.1943–24.06.2019	**RHEINFRANK-STOCKER** Gertrud	28.12.1929–16.11.2018
MÜLLER-HUNN Wolfgang	24.01.1946–30.11.2018	**RIBI-WEBER** Ilona	23.03.1949–14.02.2019
MÜLLER-MARBOT Hanna	29.06.1932–06.03.2019	**RIBI-WÜRSCH** Jörg	08.02.1954–15.07.2018
MÜLLER-REIMANN Karl	31.08.1933–23.11.2018	**RIEDI-MÜLLER** Doris	25.10.1942–03.05.2019
MÜLLER-WIEGERT Erika	13.03.1941–04.08.2018	**RIGHETTI-TELLENBACH** Verena	06.06.1947–17.01.2019
MÜNCH Claudia	03.09.1949–11.10.2018	**RIHM-HOWALD** Hildegard	25.06.1932–11.06.2019
NÄF-RHEINEGGER Marcel	08.12.1938–15.04.2019	**RINALDI-KNÖCHEL** Peter	30.04.1929–17.02.2019
NÄF-SCHNEIDER Alice	07.05.1933–27.02.2019	**ROLLI-KOHLFÜRST** Markus	18.11.1936–04.07.2018
NEMETH-NOGELL Iren	18.06.1928–15.08.2018	**RUESCH-SONNTAG** Martha	27.12.1927–22.02.2019
NIEDERMANN-HEFEL Sigrun	03.02.1942–28.03.2019	**SAGER-KELLER** Adelheid	21.07.1928–05.09.2018
NIGGLI-SLOVACEK Albert	22.01.1943–22.09.2018	**SAHLI-PRIMMAZ** Johann	11.08.1937–29.09.2018
NOTTER-ENGELER Robert	14.08.1933–31.07.2018	**SAILER-HÄSELI** Lina	07.11.1930–25.01.2019
NUSSBAUM-GRAUWILER Hermann	08.12.1926–25.12.2018	**SALATHIN-HUG** Peter	10.07.1942–11.09.2018
NUSSBAUMER-STÄDELI Gustav	31.03.1928–18.11.2018	**SALATHIN-HUG** Regina	01.07.1945–21.11.2018
OESCH-MEIER Irmgard	17.05.1927–08.06.2019	**SALZMANN** Anna	25.09.1938–19.01.2019
OPPLIGER-FRIEDRICH Rosa	23.12.1938–12.11.2018	**SCHÄRER-ROTZLER** Wilhelm	13.01.1934–18.08.2018
OSWALD-REIMANN Irma	10.12.1923–17.04.2019	**SCHÄRZ-VOGT** Rosa	20.01.1935–30.05.2019
OTT-WINDMÜLLER Johanna	27.12.1927–26.11.2018	**SCHAUB** Anita	21.08.1930–17.04.2019
PERRET André	13.11.1954–09.05.2019	**SCHLUEP-MORY** Lea	25.05.1924–31.01.2019

SCHMID Romeo	11.09.1947-16.05.2019	
SCHMID KAUFMANN Christoph	21.12.1968-29.01.2019	
SCHMID-SCHURTER Maria	22.12.1922-22.12.2018	
SCHMID-UNHOLZ Ernst	16.09.1914-05.10.2018	
SCHMID-ZUBER Madeleine	21.08.1941-24.12.2018	
SCHMIDT-TSCHUDI Heidy	05.07.1930-14.07.2018	
SCHNEIDER-KLAUS Marcel	03.09.1931-03.01.2019	
SCHNEIDER-MOTTAZ Lucette	14.09.1924-13.05.2019	
SCHRANER-BOUTELLIER Fridolin	18.07.1938-09.12.2018	
SCHRÖTER Herbert	18.11.1930-11.05.2019	
SCHÜRPF-MEYER Eugen	05.10.1928-30.10.2018	
SCHWEIZER Wilhelm	07.07.1932-20.12.2018	
SCHWEIZER-SCHMIDT Paul	05.09.1916-28.04.2019	
SENN Madeleine	31.05.1932-12.07.2018	
SERR-CHASSIN Christina	13.01.1947-05.05.2019	
SIEBER Werner	23.03.1944-27.09.2018	
SIMMEN-VAN KEMPEN Semina	24.06.1929-23.03.2019	
SIMONETT Martin	22.01.1926-25.04.2019	
SODER-FISCHER Hans	06.11.1926-05.04.2019	
SOMMERHALDER-HÄBERLING Dora	24.12.1935-24.04.2019	
SPÄTH-BIGLER Rosmarie	18.09.1943-14.02.2019	
SPÖRRI-SOOM Elly	06.10.1916-05.07.2018	
SPYCHER-WAHRBICHLER Kurt	31.08.1933-08.06.2019	
STALDER-GANGWISCH Lina	01.04.1930-14.02.2019	
STAPS-ZINGG Kurt	15.07.1935-16.09.2018	
STOFER VOGEL Brigitte	02.04.1962-26.07.2018	
STOFER-GONSKA Arthur	06.10.1928-28.10.2018	
STOLL Kurt	08.09.1933-19.11.2018	
STÜCKLIN-JERMANN Dorothea	27.11.1924-05.01.2019	
STÜCKLIN-THOMMEN Ernst	11.02.1927-24.01.2019	
SUHR-PFLUGI Willi	17.08.1934-13.08.2018	
SUTTER-BÜRKI Marianna	07.09.1942-05.02.2019	
SÜTTERLIN-POTUCEK Sieghilde	07.01.1916-20.08.2018	
TASINATO-GUIDARA Daniela	13.04.1963-12.02.2019	
THOMA-BUSINGER Rudolf	23.10.1934-16.03.2019	

TOBLER Helene	21.05.1947-03.06.2019
TRITSCHLER-RÜEGG Bernhard	08.06.1920-31.05.2019
VÖGELIN Dora	01.06.1926-17.11.2018
VOGT-FELBER Anna-Rosa	12.02.1938-23.01.2019
WÄGLI-ESCOFFIER Jenny	03.12.1927-19.08.2018
WALDMANN-PUNTEL Rosa	12.06.1934-09.11.2018
WALTER-SIXT Gertrud	13.04.1937-07.08.2018
WENK-EBI Hanspeter	15.05.1931-27.09.2018
WENK-FISCHER Elsy	30.11.1921-06.12.2018
WENK-HENRIKSEN Inge	20.04.1937-20.05.2019
WIEDERKEHR Michel	01.04.1973-13.06.2019
WINGEIER-LEUENBERGER Gretli	23.06.1933-15.01.2019
WINTER-RAML Ingwalde	25.04.1940-08.01.2019
WOLLER-UNKELBACH Beate	21.06.1950-27.01.2019
ZANGHELLINI-KRAINER Sabine	20.06.1968-05.06.2019
ZBINDEN-SCHULZ Moni	13.11.1934-22.06.2019
ZEDI-VON ALLMEN Frieda	31.05.1928-05.12.2018
ZIMMERLI-FRIEDRICH Emilie	24.06.1923-01.09.2018
ZÜRCHER-FANKHAUSER Bertha	25.01.1924-23.06.2019
ZYSSET-PEDRONI Werner	17.03.1937-20.05.2019

Sally Bodoky-Koechlin (28.04.1952–20.03.2018)
DORETTE GLOOR

Bild anlässlich der Wahl zur Präsidentin des Verkehrsvereins Riehen, 1996

MIT BESTIMMTHEIT UND VIEL ENGAGEMENT

Sally Koechlin wurde am 28. April 1952 in Basel geboren. Sie verbrachte ihre Kindheit zusammen mit ihrem Zwillingsbruder und den beiden älteren Geschwistern in Riehen, wo sie die Primarschule besuchte. Ihre Schulbildung schloss sie im Hochalpinen Töchterinstitut Fetan, einem renommierten Unterengadiner Internat, mit der Matur ab.

Das anschliessende Studium der Kunstgeschichte führte sie wieder nach Basel, wo sie ihre alten Freundschaften erneuerte und neue fand. Das Studium machte ihr viel Freude und sie besuchte die Vorlesungen mit Begeisterung und grossem Interesse. Ihr angeborener Sinn für Schönheit und Harmonie entfaltete sich.

Kurz nach dem erfolgreichen Abschluss lernte sie den Ungarn-Schweizer Peter Bodoky kennen. Nach kurzer Zeit heirateten sie und Sally Bodoky zog nach Budapest. Dort sprach kaum jemand Deutsch oder gar Dialekt – ausser der Schwiegermutter, die eine Baslerin war. Anfangs erledigte Sally Bodoky die täglichen Besorgungen fast ohne Wortschatz mit Händen und Füssen, lernte die ungarische Sprache jedoch rasch.

Nach der Geburt der beiden älteren Kinder Fabian und Sandra blieb die Familie in Ungarn, bis sich zeigte, dass die intelligenten Sprösslinge im damaligen Budapest keine gute Schulbildung erhalten würden. So zog die Familie nach Riehen, wo Sally Bodoky ihrem Ehegatten tatkräftig half, den beruflichen Einstieg im für ihn fremden Land zu finden. Nach dem Umzug kam zur grossen Freude der Familie die jüngste Tochter Ina zur Welt.

Sally Bodoky war glücklich in Riehen. Da die Kinder keinerlei Mühe hatten in der Schule, fand sie Zeit, sich in ihrem geliebten Heimatort zu engagieren. Während zwanzig Jahren war sie im Verkehrsverein Riehen tätig. Sie war auch Gründungsmitglied des örtlichen Heimatschutzes, denn der Erhalt der alten, wertvollen Bausubstanz im Dorf lag ihr am Herzen. Für den Frauenverein Riehen leitete sie mit Sachverstand die Brockenstube. Neben ihrem kulturellen Einsatz war sie auch sozial tätig. Sally Bodoky stellte ihre Zeit Jamaneh – einer Organisation für Frauen und Kinder – und dem Paraplegikerzentrum Basel zur Verfügung. In der Fasnachtsclique ‹die alte Abverheyte› hielt sie als Vortrab-Chefin den oft ungeordneten Haufen bestimmt, aber mit Witz und Humor zusammen.

Ihr Freundeskreis und ihre Bekannten in Riehen haben mit dem viel zu frühen Tod von Sally Bodoky-Koechlin am 20. März 2018 einen engagierten und von jedem Dünkel freien Menschen verloren. Sie vermissen ihn und sind ihm für sein Wirken von Herzen dankbar.

Hans-Peter ‹Bölle› Börlin (25.02.1949–25.10.2018)
ROLF SPRIESSLER

An der Podiumsdiskussion zur Gemeindepräsidentenwahl im Dezember 2013.

VOM KLEINBASLER ‹BEAT-BOY› ZUM RIEHENER ORIGINAL

‹Bölle›, wie er sich gerne nennen liess, war in den letzten Jahren seines Lebens zum Riehener Dorforiginal geworden, und das in gutem Sinn: Hans-Peter Börlin war trotz seiner gesundheitlichen Beschwerden viel unterwegs, hatte gerade zu den Jungen einen guten Draht und ging in seiner Stammbeiz, dem ‹Sängerstübli›, ein und aus. Seine fröhliche Art war ansteckend. Und wie sehr ihm, dem Ur-Kleinbasler, seine neue Wohngemeinde Riehen in kurzer Zeit ans Herz gewachsen war, zeigte sich insbesondere darin, dass er 2014 für das Amt des Gemeindepräsidenten kandidierte. Was eigentlich gar nicht so abwegig war, pflegte er doch rege Kontakte und war einem Schwatz nie abgeneigt.

Natürlich wusste er, dass er als parteiloser «Spinner», als den er sich selbst sah, nicht wirklich eine Chance haben würde, gewählt zu werden. Aber die Kandidatur sah er als gute Gelegenheit, seine Ansichten und Standpunkte in die politische Diskussion einzubringen. Er warb für Kulturförderung und eine gute Altersversorgung, wollte eine echte Verkehrsberuhigung für Riehen, empfahl die Gemeinde jungen Familien als Wohnort und hoffte auf eine weitere Förderung von Wohngenossenschaften zur Schaffung günstigen Wohnraums.

In seiner Jugend war der am 25. Februar 1949 geborene Hans-Peter Börlin ein begehrter Schlagzeuger gewesen: Er spielte früh bei den ‹Typhoons› und flog als 18-Jähriger mit den ‹Countdowns› nach London, um dort ein Album aufzunehmen. Es war die erste Schweizer Band, die einen solchen Schritt wagte, und das Schweizer Fernsehen drehte am Flughafen Basel einen Beitrag anlässlich ihrer Rückkehr.

Nach den ‹Countdowns› spielte Bölle Börlin in der legendären Basler Band ‹Ertlif›. Das gab er nach einigen aufregenden Jahren auf, um in seinem erlernten Beruf als Offset-Drucker den Unterhalt für seine Familie zu verdienen. Bölle Börlin war Vater von vier Kindern.

Börlin blieb musikalisch aktiv, war Trommelchef und Instruktor der Wettstein-Clique und Mitglied der Tambourengruppe ‹Ratafla›, spielte in Seniorenbands wie der ‹Caesar's Blues Connection›. Und es war ihm ein Anliegen, seine Erfahrungen als junger Beat-Musiker an die Jungen weiterzugeben, sie insbesondere vor den Verlockungen und Gefahren von Drogen zu warnen. Für seine diesbezügliche Aktion «No Drugs – 100 % Music» wurde er 2004 mit dem ‹Schappo› ausgezeichnet. Hans-Peter Börlin starb am 25. Oktober 2018 in seiner späten Wahlheimat Riehen.

Max Brügger-Schefer (16.12.1936–15.05.2019)
ROLF SPRIESSLER

Am Vorstands-Weekend des Samaritervereins Riehen 2012.

SAMARITER UND GEWISSENHAFTER FINANZCHEF

Am 15. Mai 2019 verstarb Max Brügger-Schefer im Alter von 82 Jahren. Er galt als stiller, harter Schaffer und als willensstarke Persönlichkeit von grosser Zuverlässigkeit und Beharrlichkeit. Eng verbunden war der Familienvater vor allem mit der Institution des Diakonissenhauses Riehen und mit dem Samariterverein Riehen. Letzterer ehrte ihn anlässlich der 100-Jahr-Feier im Jahr 2017 für sein Lebenswerk und überreichte ihm den ‹Schappo›-Pin der Basler Regierung.

Im Jahr 1970 trat Max Brügger seine Stelle als Finanzchef der Kommunität Diakonissenhaus Riehen an. In seinen Zuständigkeitsbereich fielen damals das Diakonissen-Spital, die Klinik Sonnenhalde, die Schulen für Krankenpflege, die Ferienhäuser in Adelboden und Spiez, später auch das Haus der Stille und Einkehr in Wildberg und verschiedene Bauprojekte. Ausserdem war er für die finanziellen Belange der Schwesternschaft zuständig. Max Brügger sei ein Mensch der Diakonie gewesen, der das Wohl der Menschen stets ins Zentrum gestellt habe, betonte Diakonissenhaus-Oberin Schwester Doris Kellerhals anlässlich der Abdankungsfeier in der Dorfkirche Riehen. Zu seiner Pensionierung im Jahr 2000 habe er sich bezeichnenderweise eine Predigt zur Geschichte des barmherzigen Samariters gewünscht. Max Brügger habe über ein grosses Beziehungsnetz verfügt, sei ein weiser Ratgeber und engagierter Gesprächspartner gewesen und auch ein Mensch, der ein Klima des Vertrauens und der Wertschätzung habe schaffen können.

Max Brügger war 1969 dem Samariterverein Riehen beigetreten und schon kurz darauf in den Vorstand berufen worden. 1983 übernahm er das Präsidium von Trudi Bolliger und amtete zehn Jahre als Vereinspräsident. Nach seiner Pensionierung kehrte Max Brügger in den Vorstand des Samaritervereins Riehen zurück und amtete nochmals während 17 Jahren als Kassier des Vereins. Sein Wirken als Samariter war für ihn eine Ehrensache und in ausserordentlichen Situationen war er auch bereit, Ausserordentliches zu leisten, zum Beispiel mit Nachtwachen in der Notschlafstelle für Flüchtlinge während des Kosovo-Krieges 1999, wie der langjährige Samariterverein-Präsident Heinz Steck an der Abdankungsfeier ausführte. Auch seine Familie konnte Max Brügger vom Samariterwesen überzeugen: Sein Sohn Claude ist inzwischen als Nachfolger von Heinz Steck Präsident des Samaritervereins Riehen und damit in die Fussstapfen seines Vaters getreten.

Hermann Bürgenmeier-Wenk (17.01.1923–08.02.2019)
ROLF SPRIESSLER

Am 75. Geburtstag 1998.

GÜTIGER PATRON UND ENGAGIERTER POLITIKER

Hermann Bürgenmeier-Wenk, der am 8. Februar 2019 im Alter von 96 Jahren friedlich eingeschlafen ist, war in Riehen auf ganz vielfältige Weise präsent. Als gelernter Malermeister baute er ein eigenes Geschäft auf, das er später seinem Sohn übergab. Einerseits arbeitete er hart, diszipliniert und mit eisernem Willen, andererseits war der liebevolle Familienvater gesellig, hatte ein grosses Herz und vor allem auch eine soziale Ader. Zum Ausgleich spielte er leidenschaftlich Mandoline. Im Ensemble des Mandolinen und Gitarren Orchesters Riehen wirkte er während 75 Jahren aktiv mit und setzte sich in verschiedenen Funktionen im Vorstand ein.

Ausserdem engagierte sich Hermann Bürgenmeier in der Politik und gehörte in den Jahren 1960 bis 1976 dem Gemeindeparlament an, während zwei Jahren als dessen Präsident. In den Jahren 1970 bis 1985 war er Mitglied des Bürgerrats, wo er das Ressort Wald unter sich hatte. Als Vorstandsmitglied der Bürgerkorporation Riehen war er im Organisationskomitee des Bannumgangs für den Ausschank verantwortlich und lange Jahre organisierte ‹Mäni›, wie er liebevoll genannt wurde, die jährliche Ausfahrt mit den Diakonissenschwestern und den Bewohnenden des Landpfrundhauses.

Hermann Bürgenmeier wurde am 17. Januar 1923 an der Unholzgasse geboren, als jüngstes Kind einer Familie mit insgesamt sieben Kindern. Früh machte er sich nützlich, verdiente Geld als Ausläufer einer Feinkostfirma und absolvierte eine Malerlehre. In den Kriegsjahren wurde es zunehmend schwierig, Arbeit zu finden, und so sagte er sich: «Bevor ich arbeitslos werde, mache ich mich selbstständig.» Am 1. Mai 1948 gründete er sein eigenes Malergeschäft.

Im Jahr 1949 heiratete er Mily Wenk. Bald kamen die Kinder Christoph, Johanna und Ruth hinzu. 1957 erwarb Hermann Bürgenmeier ein Haus an der Mohrhaldenstrasse, das er zum Wohn- und Geschäftshaus umbaute. Leider verstarb seine Frau Mily im Jahr 1992 viel zu früh. Bis ins hohe Alter verfolgte der Seniorchef täglich die Tätigkeiten im Malergeschäft und stand ‹seinen› Leuten mit gutem Rat zur Seite.

Die Folgen einer Lungenentzündung, die er im Alter von 88 Jahren durchstehen musste, schwächten Hermann Bürgenmeier. Er musste lernen, haushälterisch mit seinen Kräften umzugehen. Seinen Lebensabend durfte er im Dominikushaus verbringen, mit dem er schon als hilfsbereiter Nachbar und als Handwerker über Jahrzehnte gute Beziehungen gepflegt hatte.

Ursina Kissling-Weber (17.02.1973–06.03.2019)
ROLF SPRIESSLER

Porträtbild als Bürgerrätin nach der Wahl 2018.

MITTEN AUS DEM LEBEN GERISSEN

Als Ursina Kissling am 7. Mai 2018 in den neu zusammengesetzten Bürgerrat gewählt wurde, sollte dies für das Gremium als Ganzes und auch für sie persönlich ein Neubeginn sein. Als Waldchefin arbeitete sie sich schnell und mit grossem Interesse in die Materie ein. Mit der Überarbeitung des Waldentwicklungsplans, an dem sie massgebend mitwirken sollte, stand ein wichtiges Geschäft an, verfügt doch die Bürgergemeinde Riehen über umfangreichen Waldbesitz. Bald brachte sie ihr erstes Waldkaufgeschäft über die Bühne.

Es sollte alles anders kommen. Anfang 2019 musste Ursina Kissling ihren Bürgerratskolleginnen und -kollegen mitteilen, dass sie an Leukämie erkrankt sei. Sie blieb trotzdem guten Mutes und ging zuversichtlich in die beschwerliche Therapiephase. Doch der Krebs war stärker als sie. Am 6. März 2019, mit nicht einmal 46 Jahren, ist Ursina Kissling-Weber gestorben.

Geboren wurde sie am 17. Februar 1973 in Binningen, wo sie auch aufwuchs. Als Jugendliche lebte sie während fünf Jahren in Italien. Doch ihr Herz schlug bald einmal für Riehen. Hier gefielen ihr der gemütliche Dorfcharakter und die nahen Erholungsgebiete in der Natur. Die Übersichtlichkeit. Dass alles zu Fuss und mit dem Velo erreichbar ist.

Nach Riehen gezogen war Ursina Kissling vor gut zwanzig Jahren mit ihrer Familie, nahe ans Dorfzentrum, wo sie vor neun Jahren mit ihrem Mann das Familienunternehmen Kissling Mechanik Laser AG an der Schützengasse übernahm. Während ihr Mann für die Werkstatt zuständig war, kümmerte sie sich als ausgebildete Direktionsassistentin um die Büroarbeit. Mit grossem Geschick schaffte sie es, Geschäft, Hausarbeit, Kinder und Hobbys unter einen Hut zu bringen und sich darüber hinaus auch noch für die Gesellschaft zu engagieren. Die dreifache Mutter gehörte dem Parteivorstand der LDP an, spielte in einer Basler Fasnachtsclique Piccolo und war Mitglied in einem Volleyballverein.

Das gesellschaftliche Engagement war ihr besonders wichtig. Es sei doch oft so, dass man als Bürgerin Hintergrundinformationen und Gründe für gewisse Entscheidungen nicht immer nachvollziehen könne. Und genau deshalb sei sie froh, dass sie nun im Bürgerrat die Möglichkeit erhalte, sich aktiv in öffentlichen Angelegenheiten für die Gemeinde Riehen einzusetzen, sagte sie, als sie anlässlich ihrer Wahl in den Bürgerrat in der ‹Riehener Zeitung› porträtiert wurde. Nun ist sie gegangen und hat eine grosse Lücke hinterlassen. Alle, die sie gekannt haben, werden die liebevolle, fröhliche, neugierige und tatkräftige Frau in guter Erinnerung behalten.

Bildnachweis

Bilder auf derselben Seite werden in der
Reihenfolge von oben nach unten
beziehungsweise von links nach rechts genannt.

Cover: Ursula Sprecher
S. 6–8: Ursula Sprecher
S. 12: Dokumentationsstelle Riehen; Dokumentationsstelle Riehen; Andreas F. Voegelin, Dokumentationsstelle Riehen; Peter Bolliger, Dokumentationsstelle Riehen; Christoph Teuwen, Dokumentationsstelle Riehen
S. 16: Erich Müller, Hoch-Foto-Technik GmbH, 2015
S. 18: Matthias Kempf
S. 20–21: Philippe Jaquet
S. 23: Rolf Spriessler
S. 24: Archiv Riehener Zeitung, zVg Int. Volleyballverband FIVB
S. 26: Ursula Sprecher
S. 28–29: Rolf Spriessler
S. 31–38: Ursula Sprecher
S. 40–42: Christoph Junck
S. 43: Loris Vernarelli
S. 44–48: Vereinsarchiv KTV Riehen
S. 49–51: Rolf Spriessler
S. 52–56: Kinder aus Riehen und Bettingen, siehe Bildlegenden
S. 58/59: Ursula Sprecher
S. 60–66: Privatsammlung Johannes Wenk-Madoery, Riehen, Fotos: Paul Wenk-Löliger
S. 68: Atelier Löhndorf, © Sammlung Rolf Rieben
S. 69: © Privatarchiv Karl Schneider, Gemeinde Riehen
S. 70: Gerd Pinsker, © Privatarchiv Karl Schneider, Gemeinde Riehen; John Hall, © Rickenbacker International Corporation; © Privatarchiv Karl Schneider, Gemeinde Riehen
S. 71: © Privatarchiv Karl Schneider, Gemeinde Riehen; © Privatarchiv Karl Schneider, Gemeinde Riehen; © Privatarchiv Karl Schneider, Gemeinde Riehen; Foto aus: Riehen. Geschichte eines Dorfes. Riehen 1972, S. 262
S. 72: Peter Portner, © Historisches Museum Basel – Musikmuseum; © Albert Matzinger; John Pohlman, © John Distortion Collection, Biel
S. 73: © Franca Locher; John Pohlman, © John Distortion Collection, Biel; © Robert Guenin; © Gilbert Trefzger
S. 74: Gerd Pinsker, © Privatarchiv Karl Schneider, Gemeinde Riehen
S. 75: © SRF
S. 76: Ferdinand Engel, © Privatarchiv Karl Schneider, Gemeinde Riehen; Ferdinand Engel, © Privatarchiv Karl Schneider, Gemeinde Riehen; Roger Sapin, © Ciba-Geigy AG
S. 77: © Privatarchiv Karl Schneider, Gemeinde Riehen; © Ulrich Heimann, Weil am Rhein
S. 78–81: Universitätsbibliothek Basel, Sign. FX 10
S. 88: Mark Niedermann © Succession Picasso / 2019, ProLitteris, Zurich
S. 90: Matthias Willi © Succession Picasso / 2019, ProLitteris, Zurich; Michèle Faller
S. 92: Mathias Mangold; Robert Bayer © Succession Picasso / 2019, ProLitteris, Zurich
S. 94–100: Ursula Sprecher

S. 102: Walo Stiegeler
S. 105: Arbeitsgruppe Landschaftspark Wiese, 2019
S. 106: Christine Kaufmann; Rolf Spriessler
S. 108–112: Philippe Jaquet
S. 116: Rolf Spriessler
S. 118–120: Ursula Sprecher
S. 121: Philippe Jaquet; Philippe Jaquet; Rolf Spriessler
S. 122: zVg Familiengartenverein Bäumlihof; zVg Frauenverein Riehen; zVg; Rolf Spriessler
S. 123: Philippe Jaquet; Philippe Jaquet
S. 124: zVg; Philippe Jaquet; Rolf Spriessler
S. 125: zVg Turnerinnen Riehen; Archiv Riehener Zeitung
S. 126: Philippe Jaquet
S. 127: Philippe Jaquet; Philippe Jaquet; Véronique Jaquet
S. 128: Philippe Jaquet; Philippe Jaquet; Philippe Jaquet; Philippe Jaquet
S. 129: Philippe Jaquet; Philippe Jaquet; Véronique Jaquet; Philippe Jaquet
S. 130: Véronique Jaquet; Stefan Leimer; Rolf Spriessler
S. 131: Michèle Faller; Philippe Jaquet; Nathalie Reichel
S. 132: Philippe Jaquet; Véronique Jaquet; Philippe Jaquet
S. 133: Philippe Jaquet; Philipp Ponacz; Philippe Jaquet; Stefan Leimer
S. 134: Michèle Faller; Philippe Jaquet; Philippe Jaquet; Philippe Jaquet
S. 135: Philippe Jaquet; Philippe Jaquet; Philippe Jaquet
S. 136: zVg TKD Riehen
S. 137: Philippe Jaquet; zVg SSC Riehen
S. 138: Philippe Jaquet; Philippe Jaquet
S. 139: zVg TV Basel-Stadt; Rolf Spriessler; athletix.ch
S. 140: zVg TV Riehen; Rolf Spriessler
S. 141: Philippe Jaquet; zVg TV Riehen
S. 142: zVg Basler Ruder-Club; zVg Basler Ruder-Club
S. 143: Rolf Spriessler; zVg TKD Riehen
S. 144: Philippe Jaquet; zVg
S. 145: Philippe Jaquet; Philippe Jaquet; Philippe Jaquet; Philippe Jaquet
S. 146: Ursula Sprecher
S. 147: Mike Lotz; Paul Spring; Sarah Meister
S. 148: Stefan Fischer
S. 149: Mimmo Muscio; Alphons Fakler; Cornelia Schumacher Oehen
S. 150–166: Ursula Sprecher
S. 174: Philippe Jaquet
S. 175: Loris Vernarelli
S. 176: Heinz Steck
S. 177: zVg Familie Bürgenmeier
S. 178: Philippe Jaquet

Legenden Auftaktbilder
Cover: Jogger in den Langen Erlen, 2019.
S. 6/7: Basketballkorb bei der Primarschule Erlensträsschen, 2019.
S. 58/59: Fussballfeld im Sarasinpark, 2019.
S. 118/119: Turngerät am Lachenweg, 2019.
S. 120: Familiengartenanlage Bäumlihof, 2016.
S. 126: ‹Gli Uccelli›, die Vogelstimmen des Kinderchors der Musikschule Riehen, zwitscherten am ‹Son et Lumière› 2018 passenderweise von einem Baum herunter.
S. 136: Maria Gilgen mit ihrer Silbermedaille an der Taekwondo Poomsae-EM in Antalya (Türkei), 2019.
S. 146: Spielplatz Bünden bei der Kornfeldkirche, 2019.
S. 150: Stillleben am Hutzelenweg, 2019.
S. 166: Häuslein auf Rädern am Stettenweg, 2019.